KB246963

얼굴

어떤 '이야기'에는 생명과도 비슷한 것이 깃든다.
어린아이가 태어나면 생존하고 싶다는 울음을 토해 내는
것처럼 어떤 '이야기'도 태어나는 순간부터 이야기로서
생존하고 싶다는 울음 비슷한 것을 토해 낸다.

이 '얼굴'의 이야기가 그랬던 것 같다.
이 '이야기'는 나의 머릿속에서 처음 태어났을 때부터
이야기의 생명이라 할 수 있는 '사람들에게 퍼져 나가고
싶다'는 욕망을 동시에 가지고 태어난 것 같았다.

하지만 나는 이 '이야기'가 영화라는 산업 안으로
들어가기에는 충분히 대중적인 이야기가 아니라는
생각이 들었다. 그럼에도 불구하고 대중 사이에서
생존하고 싶다는 욕망을 동시에 품고 태어난 이야기였다.

이 '이야기'에 대한 부채감 때문에 이 '이야기'를 만화의
형태로 만들어 세상에 내놓은 후로도 이 '이야기'는 좀 더
많은 사람들 사이에서 생존하고 싶어 했다.

그리고 결국 그 '이야기'가 가진 욕망이 나로 하여금
영화라는 매체를 통해 이 '이야기'를 만들게 했다.

나의 예상과는 다르게 이 '이야기'는 결국 자신의
욕망대로 많은 사람들 사이에서 생존하고 진화하고 또
다른 이야기를 낳고 있다. 결국 지금에는 부모라고 할
수 있는 나의 손을 떠나 생명을 가지고 사람들 사이에서
스스로 생존할 수 있게 되었다.

어떤 '이야기'가 생명을 얻고 또 스스로 생존할 수 있는
첫 출발을 함께하게 되어 너무 기쁘다. 앞으로
이 이야기가 어떤 새로운 여정을 떠날지 이제 묵묵히
응원하며 지켜보겠다.

각본·연출 연상호

영화 〈얼굴〉은, 특히 이 영화의 시나리오는 빈 곳이
많습니다. 그리고 그 빈 곳은 구멍이 아닌 괄호로서의
공간입니다. 촬영을 하면서 감독과 스태프, 그리고
배우들이 그곳을 차근차근 정성 들여 메웠다면, 이제는
관객분들 혹은 독자분들이 자유롭게 그 공간을 메워
보시면 좋겠습니다. 이 글은 확장의 여지가 충분한
이야기입니다. 미시적으로, 거시적으로, 개인적으로,
사회적으로 치환될 수 있는 은유들이 곳곳에 자리하고
있거든요. 그래서 저는 이 책이 한 영화의 각본집이기도
하면서, 나만의 색칠공부책이라고도 생각합니다.

창작자에겐 시선이 필요합니다. 감상자의 공감 혹은
반론은 창작자의 시선에 의해 발생하는 것일 테니까요.
그런 의미에서 저는 연상호라는 작가의 시선에 항상
호기심이 갑니다. 때로는 따뜻하고 보통은 냉소적인 그의
의견이 얼마나 비범하고 통렬할지 때마다 기대가 되기도
하고요. 〈얼굴〉에 담긴 그의 시선도 흥미롭습니다.
이 세상이 감추고 있는 어긋난 욕망을 최대한 비웃고
있는 것 같거든요. 그러고 보니 그 세상엔 나도 있습니다.
공감과 수치 사이에서 발목이 묶여 허둥대는 내가요.

원작과 영화 그리고 이 각본집까지. 꽤 오랫동안
〈얼굴〉을 지켜봐 온 사람으로서 이 각본집만큼은
아주 소중하게 간직할 것 같습니다. 그래픽 노블 혹은
영화 〈얼굴〉을 좋아하신다면 꼭 한 번 읽어 보셨으면
좋겠습니다.

배우 박정민

목차

얼굴　　원작: 만화『얼굴』(연상호 저)
　　　　각본: 연상호

암전된 상태에서 들리는 임영규(70대)의 목소리.

임영규 그런 게 다 일종의 오해야... 앞 못 본다고 뭐가
아름다운지 모른다는 게...

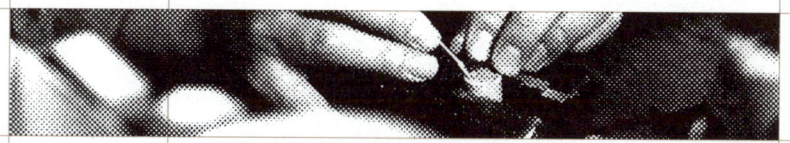

#1. 임영규 전각 공방 / 낮

70대 노인 영규가 전각을 깎는 모습이 르포 영상처럼 스케치 된다.

익숙한 손놀림으로 도장을 파고 있는 영규의 손.

그리고 반투명한 선글라스를 쓴 영규의 눈은 백내장이 퍼진 것처럼 하얗게

탈색된 것으로 보아 그는 앞이 보이지 않는 시각장애인이다.

임영규 (목소리만...) 우리 같이 안 보이는 사람일수록 더욱더
눈 멀쩡한 사람들이 아름답게 생각하는 건 뭘까?
몇 배는 더 고민하게 된다고...

그리고 그런 영규를 촬영하는 단촐한 촬영팀.

그런 스케치 영상이 르포 영상처럼 스쳐 지나가며 마이크를 달고

작업대 앞에서 인터뷰를 하는 영규의 모습으로 연결된다.

영규의 앞에는 단촐한 촬영팀이 영규를 촬영하며 인터뷰를 하고 있다.

그리고 날티 나는 20대 후반 여자의 모습이 보인다.

그녀는 이 인터뷰 촬영의 PD인 김수진(20대 후반)이다.

김수진   근데~ 아까부터 되게 신기하다고 생각했던 게...
손이 진짜 고우세요~ 보통 이렇게... 손으로 조각을
하시니까.. 굳은살이나 이런 게 있을 줄 알았는데...

임영규   난 항상 손 관리를 많이 해서 그래요... 저한테는
(손을 들어 올리며...) 이게 눈이나 마찬가지거든...

들어올린 영규의 손등에 꽤 깊어 보이는 오래된 흉터 두 줄이 나 있다.

그 흉터를 본 수진.

김수진   (흉터를 보고는...) 그 흉터는... 뭐예요?

임영규   (좀 당황하며...) 이건 일 처음 배울 때... 하도 힘들게
배워서...

흉터 이야기가 나온 이후 영규는 왠지 모르게 불편한 기색을 보인다.

김수진   (영규가 만든 도장을 보면서) 아... 그러니까요. 저희
같은 사람들은 사실 눈앞에서 보면서도 믿기지가
않거든요. 근데.. 전각 장인인 동시에 옆에 계신
청풍전각의 대표님인 아드님을 혼자 키우신
아버지시기도 하시잖아요. 저희 시청자분들이 그런
부분에 대해서도 궁금하신 게 많을 거 같거든요.

수진이 이야기를 하며 옆을 바라보자 촬영팀 뒤편에 그것을 지켜보고 있는

영규의 아들 임동환(40대)의 모습이 보인다.

김수진   남자 혼자 애를 키운다는 거... 그것도 앞이 보이지
않는 남자가 아이를 키운다는 것이 보통 일이

아니었을 것 같은데요... 어떠셨어요?

임영규 으음... (아까 손 흉터 이야기 후 무언가 불편해진 듯) 애야 놔두면 저절로 크는 건데... 내가 뭘 했다고...

김수진 (약간 집요하게...) 애가 어떻게 저절로 커요... 선생님께서 키우신 거죠. 저희는 그런 얘기를 듣고 싶거든요. 선생님의 인간적인 고뇌... 뭐 그런 거 있잖아요.

임영규 ... (한참을 말없이 있다가... 이 상황이 편처 않은 듯...) 피디 아가씨... 좀 쉬었다 합시다. 늙으면 한자리에서 이야기를 오래 하기가 여간 고역이 아니네...

김수진 (핸드폰의 시계를 확인하고) 아... 죄송해요... 이렇게 시간이 간 줄 몰랐네... 재밌어서... 잠깐 쉬었다 갈게요.

임영규는 기적이 실재한다는 증거이다

촬영감독과 보조연출도 힘들었다는 듯이 숨을 내쉬며 허리를 펴고 보조작가는 재빨리 영규에게 다가가 영규가 달고 있던 마이크를 뗀다.

영규는 자리에서 일어나 지팡이를 짚고 입구 쪽으로 걸어간다. 전각 공방의 입구로 나가 담배를 꺼내 무는 영규. 그리고 그 모습을 보는 동환. 그런 동환의 뒤편으로 수진이 벽에 붙어있는 영규를 다룬 신문 기사의 스크랩 액자를 바라본다.

김수진 (동환에게...) 동환 씨 진짜 대단한 아버님을 두셨어요~

임동환 아 그럼요... 저한테는 분에 넘치는 아버지죠...

김수진 (벽에 있는 기사를 보면서...) 이거 봐봐... 임영규는
기적이 실재한다는 증거이다. 타이틀 죽이네...
(그러다 뭔가를 발견한다) 어? 뭐야 이건...

수진이 본 것은 액자 속 낡은 사진 한 장이다.
그 사진 속에는 조그마한 도장가게에 앉아 있는 젊은 시절의 영규의 모습이 있다.

사진 속의 영규의 젊은 시절은 동환과 꼭 닮아있다.

임동환 아... 이거 아버지가 처음 낸 도장가게예요...
저 태어나기도 전 일 거예요...

김수진 (사진을 보며 동환을 바라본다...) 동환 씨랑 완전
똑같은데요?

임동환 그쵸~ 저도 이 사진 보고 깜짝 놀랐어요... 아버지가
아무래도 앞이 보이질 않으니까 사진이 거의
없으신데 이 사진 한 장 가지고 계시더라고요...
그래서 아버지한테 저랑 아버지랑 진짜 닮았다고
얘기 드렸거든요?

김수진 그랬더니 뭐라세요? 좋아하시던가요?

임동환 아니... 뭐랄까... 한참 뭔가를 생각하시더라고요...
아마도 '닮았다'라는 의미에 대해 생각해 보신 거
아닐까요? 태어날 때부터 앞을 못 보셨으니까...
닮았다는 느낌이 어떤 느낌인지에 대해 생각해
보신 거 아닐까요?

김수진 아... 그렇겠네... 본인 얼굴도 본 적이 없을 테니까...
그렇게는 또 생각을 못 해봤네...

동환이 돌아보면 그때 담배를 다 태우고 공방 안쪽으로 들어오는 영규.

그 모습을 보고 다시 촬영 준비를 하는 촬영팀.

김수진 자! 다시 시작해 봅시다. (촬영감독에게 나직한 목소리로...)
아까 우리 선생님 손 클로즈업 좀 따로 따주세요~

**수진이 촬영감독에게 다가가 이야기를 하러 간 동안 동환은
아버지의 기사가 스크랩 된 벽을 바라본다. 자연스럽게 뒷모습이 된
동환의 뒤통수로 카메라가 트랙 인 하며... 갑작스레 암전.**

타이틀

#2. 임영규와 임동환의 아파트 / 늦은 오후

임영규와 임동환의 집.

차를 따르는 동환. 그리고 찻잔을 들고 영규의 침실 쪽으로 걸어간다.

영규는 침실의 의자에 앉아 점자책을 읽다가 동환의 인기척을 느끼고

책을 덮는다. 동환은 영규에게 찻잔을 건넨다.

임영규   (불만에 가득 찬 목소리로...) 뭐 별거나 있다고
그걸 며칠씩이나 따라다니면서 찍어... 그런 게
전파 낭비지 쯧쯧...

임동환   (아버지를 보며 웃으면서...) 아이구 아버지
불편하시더라도 좀만 참으세요. 다 그렇게 방송에
한 번 나가는 게 공방 발전을 위해 좋은 거예요.

임영규   그래... 그게 다 너 좋은 거라면 못할 게 있냐만...
아무래도 난 그년이 묻고 답하는 게 어색해...

임동환   아버지 인터뷰하시는 거 많이 힘드시죠? 몸도
안 좋으신데...

임영규   그래도 지금 이 나이까지 밥벌이 하는 게 다행이고
감사해야지... 규칠이 그놈은 벌써부터 일도 안 하고

임동환 놀러 해외여행이니 뭐니 다니기나 하고...
규칠이 아저씨는 아직 동남아 가셨다
안 돌아오셨어요? (잠시 생각을 하다가...) 규칠이 아저씨
여행 갈 때 같이 가실 걸 그랬어요...

임영규 (찻잔을 내려놓으며...) 내가 뭘... 앞도 안 보이는데
거기는 따라가서 뭐 좋은 꼴을 본다고...

임동환 그래도... 몇십 년 지기신데... 같이 여행도 가고
그러면 좋잖아요...

임영규 아니야... 보이는 놈은 보이는 대로 놓고 안 보이는
놈은 안 보이는 대로 사는 거지...

동환은 한숨을 쉬며 의자에 몸을 묻는 아버지의 모습을 바라본다...

아버지는 이미 많이 늙었다. 그때 울리는 동환의 핸드폰. 동환은 아버지의 방을

나오면서 전화를 받는다.

임동환 여보세요?
형사1 네... 임동환 씨 핸드폰이죠?
임동환 네 그런데 어디시죠?
형사1 여기 남일 경찰서인데요. 정영희 씨 때문에
전화드렸어요...

임동환 네? 정... 누구요?
형사1 정영희 씨 모르세요? 임동환 씨 어머니요.
임동환 네?
형사1 며칠 전에 정영희 씨로 추정되는 시신이 발견됐어요.
이쪽으로 빨리 와주셔야 할 것 같은데...

동환은 그 이야기를 듣고 자신의 집 주방에서 얼음장처럼 얼어버렸다.

#3. 병원의 영안실 / 밤

#3. 병원의 영안실 / 밤

차가운 병원의 영안실에 동환과 형사1, 형사2, 그리고 영안실 책임자가
흰 천이 덮여있는 시신 앞에 서 있다. 영안실 책임자가 시신을 덮고 있는 흰 천을
걷어내자... 흰 백골이 모습을 드러낸다. 동환은 백골을 보고는 그 자리에서
굳어버려 무슨 말을 하기 어렵다.

임동환 이... 이... 이게... 이 백골이 저희 어머니라고요?

형사1 아... 저희는 그렇게 추정하고 있습니다. 이 백골과
함께 발견된 옷에 주민등록증이 들어 있었어요.

형사2 저쪽 아파트 개발 때문에 산을 파헤치다가 발견된
시신이고, 그 안에 들어 있던 소지품입니다.

동환은 형사2가 건넨 투명 비닐봉투에 들어 있는, 정영희라고 쓰여 있는

주민등록증을 받아 든다.

영안실 책임자 시신 상태로 봐선 40년은 된 시신입니다.

형사2 시신 상태가 이렇다 보니 사인이나 이런 걸 추론하기
힘든 상황이에요. 저희가 알 수 있는 건 정영희 씨가
40년 전에 사망해 산에 묻혀 있다는 거밖에 없어요.

형사1 실족사인지... 뭐라 말하기 힘들지만 시신이
묻힌 상태로 봐서는 살해되었을 가능성도 있습니다.
그렇다고 하더라도 공소시효가 훨씬 지난
상황이지만요...

동환은 형사들의 이야기를 들으면서 멍하니 서서 영희의 주민등록증을
바라보고 있다. 주민등록증은 훼손이 심하게 되어 사진의 얼굴을 파악하기 힘든
상황이다. 카메라는 주민등록증의 뭉개진 얼굴 사진으로 천천히 줌 인 한다.

#4. 병원의 장례식장 / 밤

텅 빈 정영희의 장례식장의 풍경. 그리고 고인의 영정 사진이 놓여있어야
할 곳에는 아무것도 없다. 검은 상복을 입은 동환과 아버지 영규는
망연자실한 채 장례식장에 앉아 있다. 동환은 조용히 아버지에게 이야기한다.

임동환 40년 만에 처음 들은 어머니 소식이... 아버지...
어머니가 (영규를 바라보며...) 살해당했을 수도
있대요...

영규는 고개를 떨구고 말이 없다.

임동환 저는 지금까지... 어머니가 아버지랑 저를 두고
도망갔다고만 생각했었는데... 아버지... 어머니가
언제 없어지신 거예요?

임영규 나는 몰라. 일 마치고 돌아와 보니... 너만 방에서

울고 있고... 니 엄마는 없었어. 그게 끝이었어...

임동환 어머닌 어떤 사람이었는데요? 원한을 사거나
그런 건 없었어요?

임영규 그런 거 없었어... 워낙에 착한 사람이어서 말도
없고... 원한을 살 만한 사람은 없었어...

임동환 누구 찾아오던 사람도 없었고요?

임영규 예전 일이라... 워낙에 어려울 때라 결혼식도
그 사람 일하던 공장 사람 몇이랑만 모여서 하고...
그 사람도 나도 가족이 없어서... 그냥 어려운
사람끼리 만나서 살면 되는구나 했지...

임동환 아버지... 더 기억해 보셔야 돼요... 어쩌면 어머니에
대해 좀 더 알 만한...

동환은 아버지에게 무언가를 더 캐물으려 하는데 수진과 보조연출이 찾아왔다.

김수진 동환 씨...

**동환은 수진을 보고는 일어난다. (약간의 시간 경과) 촬영팀은 텅 빈 장례식장에
앉아 육개장을 먹고 있다. 그보다 한 테이블 옆에 앉아 있는 동환과 수진.**

김수진 (텅 빈 빈소를 둘러보고는...) 한참 촬영 중에 이런 일이
일어나서 정말 뭐라고 말씀을 드려야 할지...

임동환 아닙니다. 저희야말로 방송에 차질을 빚게 돼서
죄송합니다.

김수진 차질을 빚으면 안 되죠. 저희가 끝까지 함께해야죠.

임동환 네?...

김수진 저희가 이미 편성이 다 끝나서... 미룰 수가 없는

상황?... 그리고 이런 모습들이 더 시청자들한테서
자연스럽게 받아들여지거든요?

임동환 (그 말에 놀라며...) 아니요... 피디님....

김수진 걱정하지 마세요. 저희가 알아서 다 할게요.

임동환 (당황하며...) 아니요... 지금 이 상태에선...

그때 시선이 빈소 쪽으로 다시 가는 동환,
빈소에는 웬 할머니 두 분과 아저씨, 아줌마가 절을 하고 있다.

임동환 (수진에게 양해를 구하며...) 잠시만요...

동환은 그 사람들에게 다가가고 수진은 흥미롭게 그쪽을 바라본다.
아까의 할머니 둘과 사람들에게 맞절을 하는 동환의 뒷모습... (그리고 시간 경과)
빈소 옆 음식을 먹는 테이블. 수진과 좀 떨어진 테이블에 마주 앉은
40대 남자와 동환. 40대 남자의 뒤편엔 70대 할머니 두 명이 떨어져 앉아 있고
40대 남자의 옆에는 부인으로 보이는 40대 여자가 앉아 있다.
동환의 옆에는 영규가 허공을 보며 앉아 있고 그 뒤편으로 이쪽 테이블을
바라보고 있는 수진의 모습이 보인다.

40대남   (동환을 바라보며...) 경찰한테 연락 받고 이렇게
오는 게 도리라고 생각했습니다. 어찌 됐든 저에게는
이모님이니까요.

그때 40대 남자 옆의 40대 여자가 빨리 말하라는 듯이 40대 남자의 옆구리를 찌른다.

40대남   아... 저기... 그리고 이거 하나 확실히 하려고
왔습니다. 할아버지가 저희 어머니와 이모님
이름으로 물려주신 유산이 조금 있습니다만...
그 권리를 나눌 생각은 없습니다.

동환은 40대남의 이야기를 듣고 다소 황당하다는 표정을 지으며

임동환   네?
40대남   제가 듣기로는 막내 이모님은 워낙에 어릴 때
집을 나가셔서는 교류도 없으셨기 때문에...
임동환   필요 없습니다. 지금 이 상황에서 유산이니 뭐니
그런 얘기 하고 싶지도 않고요.
40대남   네... 죄송합니다. 그럴 거라고 생각은 했습니다만...
아무래도 확실히 하는 게 좋을 것 같아서요.
임동환   돈 얘기라면 그만하시죠. (40대남 옆에 할머니들을
바라보며...) 제가 그냥 이모님들에게 부탁드리고
싶은 건 영정 사진 하나 없이 장례를 치르는 게 맘에
걸려서요. 저희 어머니 영정 사진으로 쓸 사진을
가지고 계신 게 있으면 좀 주셨으면 해요...

40대남은 그 얘기를 듣고 자신의 어머니를 돌아보고...

큰 이모   (말이 없이 다른 곳을 멍하니 보다가...) 없어, 영희 사진.

임동환   네?

큰 이모   영희는 사진이 없어.

작은 이모   없어. 영희는 사진 찍기를 싫어했어... (틈을 들이다가...) 영희는 얼굴이 괴물 같았거든...

　　　라고 말하고는 작은 이모는 픽 하고 웃는다.
　그 말에 놀라는 동환. 그리고 뒤편에 보이는 수진도 놀란다.

큰 이모   영희는 얼굴이 괴물같이 못생겨서 사진은 찍고
　　　싶어하지도 않았어...

　　그 이야기를 듣고 놀라는 표정의 동환. 그리고 암전.
　암전된 상태에서 자막 〈첫 번째 인터뷰〉. 그리고 바로 이어지는 화면.

임동환   그게 무슨 말씀이에요? 못생겼다는 게... (아버지를 한번
　　　바라보고는...) 무슨 장애가 있으셨던 건가요?

작은 이모   좀 모자란 구석이 있긴 했는데... 뭐 딱히 어디가
　　　병신이라든가 그런 건 또 아니고... 그냥 못생긴 게
　　　못생긴 거지... 뭐 있어...

임동환 (큰 이모와 작은 이모의 얼굴을 한번 바라보고는... 기가 막히다는 듯이...) 하아... 참... 자... 그럼... 어릴 때 집을 나가셨다면서요... 그냥 어느 날 갑자기 집을 나갔다는 거예요?

작은 이모 어~ 어느 날 갑자기 나가버렸다니까?

임동환 (어이없다는 듯 웃으며...) 아니 어린애가 갑자기 아무 이유 없이 어떻게 나갑니까... 누가 납치했다든가... 뭐 그런 의심은 안 해 보신 거예요?

작은 이모 (픽 웃으면서...) 에이, 어떤 미친놈이 그런 못난이를 납치하나... 뭐 볼 거 있다고... 그냥 지가 나간 거지...

큰 이모 영희 개가 이상한 말을 마을 사람들한테 퍼뜨렸어...

임동환 이상한 말?

큰 이모 (한숨을 내쉬며...) 우리 아버지가 다른 여자랑 옷을 벗고 아버지 복덕방에 있는 걸 봤다나... 그거 때문에 우리 어머니가 화가 나서 영희를 엄청 매질을 했어... 그러고 며칠 시름시름 앓다가 나간 거야...

작은 이모 그냥 나간 것두 아니고... 집에 우리 어머니 패물이니 뭐니 다~ 가지고 나갔다고... 우리 엄마 입장에선 자식이 아니라 도적이지 도적.

임동환 (이모들의 말에 약간 발끈하며...) 아니... 남편이 바람이 났다고 하면 남편에게 따져야지 그걸 얘기한 자기 딸을 때리면... 그 엄마가 이상한 거 아니에요?

작은 이모 아니 멀쩡히 잘 사는 집에다가 괴물 같은 년이 지 집 망하라고 이상한 얘기를 퍼뜨리면 죽도록 패는 게 정상이지... 뭐가 이상해!

임동환 뭐요?

큰 이모 아무튼 그게 끝이야. 영희에 대해 아는 건...

작은 이모   그러고 인연이 끊겼어.
그때 영희가 가져간 어머니 패물로 유산은 충분하지
뭐... 말이 가족이지 그게 다인데 뭐... 이렇게
장례식장까지 왔으니 할 도린 다 한 거 아닌가?

그 자리에 모여있는 사람들 사이에 어색한 침묵이 흐른다.
그리고 그들의 모습을 먹잇감을 노리는 육식동물처럼 바라보는 수진의 얼굴.

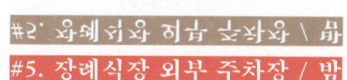

#5. 장례식장 외부 주차장 / 밤

동환은 장례식장 외부로 나와 담배를 꺼내 든다. 그때 뒤쪽 골목에서 목소리가
들려 그쪽으로 조심스럽게 가 보니 수진이 통화를 하고 있다.

김수진   네... 대표님 이번 거는 저를 한 번 믿어주셔야
할 것 같은데? 임영규 선생 부인 이야기가
더 재미있는 거 같아요. 이번 거 취재하다 보면 밀착
다큐 사람 냄새? 것보다 훨씬 큰 사건 건들 느낌이
빡 온다고요... (상대방의 말을 좀 듣다가...) 확실해요!!
확실히 자극적인 이야기라고... 재미? 재미있지~
진행합니다~ 저...

수진의 이야기를 몰래 듣던 동환은 벽에 기대어 깊은 한숨을 내쉰다.

#6. 서울의 전경 모습 / 낮
#6. 서울의 전경 모습 / 낮

서울의 전경이 드론샷으로 넓게 보여진다.

#7. 장례식장 영안실 / 낮
#7. 장례식장 영안실 / 낮

이틀 후... 장례의 마지막 절차로 염을 하는 자리이다. 영안실의 모습.

큰 이모와 작은 이모, 40대남과 40대여, 그리고 동환과 영규가 흰 수의를 입고 있는

백골 앞에 서 있다.

장의사 (곤란하다는 듯이...) 아... 참... 백골을 염하기는 제가

처음이라... 어쨌든 최대한 뼈는 맞춰놨으니까...

고인에게 마지막으로 하실 말씀 있으시면 하세요...

작은 이모 하이구... 냄새야... 영~ 역하구만... 우리야 뭐

할 말이 있나... 아들이나 남편이 할 말 있으면 하고

얼른 나갑시다...

작은 이모의 말에 동환은 이모들 식구들을 한번 바라본다.

다들 이 상황이 싫고 짜증 나는 게 한눈에 보인다.

동환은 다시 시선을 영희의 백골 쪽으로 옮긴다. 생전 처음 보는 어머니의
백골 앞에서 무언가 말을 해야 할 것 같아 말이 없다. 무언가 말을 해야 할 것 같은데...
할 말이 없다... 동환이 시간을 끌자 작은 이모는 짜증이 난다는 듯이 말을 한다.

작은 이모　　　할 말 없음 빨리 끝냅시다... 난 영 역해서
　　　　　　　　못 있겠네...

작은 이모는 급하게 자리를 뜨려고 하는데 작은 이모의 옷자락이
백골을 받치고 있던 테이블에 껴서 테이블이 와장창 자빠지고 영희의 백골은
산산이 바닥에 널브러진다.

장의사　　　에헤이!! 이게 뭐야!! 이거 맞추는 데 얼마가
　　　　　　걸렸는데...

장의사는 허둥지둥 테이블을 일으키고 널브러져 있는 백골을 다시 테이블에
주섬주섬 올린다. 작은 이모는 머쓱한지 동환 쪽을 한번 보고는 말을 한다.

작은 이모　　　어차피 화장할 거 대강 합시다... 어차피 다 가루가
　　　　　　　　될 껀데... 뭘 또 새로 맞춰~ 난 역해서 안 되겠어...

그러면서 작은 이모는 영안실을 나가 버리고...
장의사는 그 나름대로 백골을 다시 맞춰보려고 노력 중이다.

장의사　　　(뼈를 맞추면서...) 이게 넓적다리야... 팔이야...

동환은 그 모습을 기막히다는 듯 바라보고 뒤편에서 벽에 기대어
영규가 침통하게 서 있다.

#8. 장례식장 영안실 앞 복도 / 낮

#8. 장례식장 영안실 앞 복도 / 낮

염을 마치고 가족들과 영규도 다 영안실 밖으로 나오고 있다.
마침 동환도 영안실을 나오는데 그때 걸려 오는 전화. 수진이다.

임동환	네... 피디님...
김수진	(전화 목소리) 아버님이 어머님 처음 만나셨다 하신 상가 건물 있잖아요...
임동환	네?
김수진	(전화 목소리) 아 왜 사진에 있던 그 도장가게 앞에... 상가 건물.
임동환	근데요...
김수진	(전화 목소리) 제가 수소문해 보니까... 어머님이 그 건물에 있는 피복공장에서 일하셨더라고요... 청풍피복이라고...
임동환	네? 청풍피복?
김수진	(전화 목소리) 청풍전각, 청풍피복... 재밌지 않아요?
임동환	그래서요.
김수진	그때 일하시던 분들 몇 분 섭외 됐는데... 그분들이 어머님을 알고 계시더라구요...

동환은 수진의 말에 열린 문틈으로 보이는 수의를 입은 어머니의
백골의 모습을 한번 바라본다.

#9. 서울의 전경 모습 / 낮

서울의 어느 골목의 모습이 직부감의 드론샷으로 보여진다.

#10. 서울 근교의 어떤 거리 / 낮

좁고 오래된 골목으로 택시 한 대가 들어온다.
그리고 택시에서 내리는 동환. 도착 위치 앞에는 방송국 마크를 단 카니발이 서 있다.
그리고 그 앞에서 보조연출과 이야기를 나누고 있는 수진의 모습이 보인다.
수진은 동환을 보더니 이쪽이라는 듯 손을 들어 흔든다.

임동환   피디님, 굳이 이렇게까지 안 하셔도 됩니다.
          도움은 감사한데요...

김수진   에이~ 뭘 감사를 해요... 제 일인데~ 저는요~
          천상 저널리스트라... 이런 취재가 너무 재미있어요...
          감사는 무슨... 들어가요~ 어르신들 기다리시겠네...
          가요~

동환은 수진의 이야기를 들으면서 수진이 메고 있는 가방을 물끄러미
바라본다. 가방 옆면에는 작은 구멍이 나있고 거기에는 카메라 렌즈로 보이는

물건이 보이는 듯하다. 아마도 소형 카메라인 듯. 그리고는 앞장서서 들어간다.

뒤이어 따라 들어가는 동환. 그리고 암전 상태에서의 자막 〈두 번째 인터뷰〉

#11. 서울 근교의 어떤 다방 / 낮
#11. 서울 근교의 어떤 다방 / 낮

다방인지 커피숍인지 부르기 애매한 찻집에 60~70대 노인이

3명(할아버지 2, 할머니 1)이 앉아 있다. 맞은편에 앉아 있는 수진과 동환.

창가 쪽에 앉은 수진은 자연스럽게 소형 카메라가 들어있는 가방을

창가 쪽에 놔두어 렌즈가 노인들을 향하게 놓는다. 그 가방이 신경 쓰이는 동환.

김수진	(살갑게 말을 건네며...) 안녕하세요~ 선생님~ 제가 전화드린 김수진 프로듀서입니다~ 정영희 씨에 대한 취재를 하고 있어요. (명함을 꺼내어 할아버지1에게 건넨다)

수진이 건넨 명함을 관심 있게 바라보는 할아버지들과 할머니...

할아버지1	아... 방송국 프로듀서라고? 뉴스 같은 건가?
김수진	네네... 비슷해요~ 그... 정영희 씨 유골이 예전에 계시던 피복 공장 근처에서 발견됐어요... 게다가 사망한 시점이 한 40년 전이고요...
할아버지1	에... 우리야 연락 받고 어디서 객사라도 한 줄 알았구만, 예전에 갑자기 사라져 버려서 도망간 줄 알았더니 어디 흉한 일을 당한 모양이구만...
김수진	어느 날 갑자기 공장을 안 나오게 된 거예요?

할머니	갑자기 안 나와서 우리는 도망을 갔나 했지...
김수진	혹시 같이 일하시던 분 중에서 정영희 씨와 가깝게 지내던 분 없었어요?
할아버지2	글쎄... 똥걸레랑 친하던 사람은 나중에 똥걸레랑 결혼한 도장 파는 장님놈밖에 없는데...
김수진	네? 똥걸레요?
할아버지1	아... 우리는 똥걸레라 했어. 뭐... 얼굴이 그 모양이래서...
할아버지2	(킥킥 웃으면서...) 사람 얼굴이 똥걸레 닮을 수야 있겠냐만... 다 일이 있어서 그랬지... 큭크...

#12. 1970년대 중반 서울의 어떤 상가 안 / 낮

과거의 평화시장을 연상하게 하는 큰 피복 공장들이 모여있는 건물.
사람들은 바삐 움직인다. 그 바삐 움직이는 사람들 사이로 엄청나게 많은 옷감을
어깨에 지고 걸어가는 한 여성. 정영희의 뒷모습이다. 카메라는 바삐 옷감을 지고
움직이는 영희의 뒤를 쫓는다. 카메라는 '청풍피복'이라는 간판이 달려 있는 공장으로
들어가고 건물 안에는 더욱더 맹렬한 기세로 움직이는 사람들 천지이다.
할아버지1의 나레이션으로 진행됨.

할아버지1	(나레이션) 그때야 워낙에 정신없었어~ 말 그대로

호황이라... 말이야 하루하루 정신없이 일하느라
바빴다고... 말 그대로 나라가 일어서고 있었다고...

재단사
(할아버지1)
(30대 초반의 젊은 남자) 영희야, 빨리 옷감
더 가져와!!

정영희
(얼굴이 보이지 않는 앵글에서 서둘러 정신없이 일하고 있다)
네~

재단사2
(20대 중반의 젊은 여자) 영희!! 이 선반 빨리
치워놓으라니까!!

정영희
(무엇부터 해야 할지 모르겠다) 네...

옷감을 한 아름 안고 이리 뛰고 저리 뛰는 영희. 근데 배가 아픈 모양이다.
정신없이 움직이는 와중에 배를 중간중간 움켜쥐고 있다.
영희는 도저히 못 참겠는지 재단사(할아버지1)에게 가서 말을 한다.

정영희 재단사님 저기 죄송한데요... 화장실이 너무 급해요.
재단사 뭐? 지금 이렇게 바쁜데 무슨 화장실이야~
정영희 죄송해요, 너무 너무 급해요.
재단사 으이구 저 화상... 1분 안에 갔다 와!!
정영희 감사합니다!!

영희는 인사를 꾸벅하고는 배를 움켜쥐고 뛰어 나간다.
재단사는 짜증 난다는 듯이 영희가 나간 쪽을 흘겨보고는 쯧쯧쯧 혀를 찬다.

#13. 1970년대 중반 서울의 어떤 상가의 복도 / 낮

분주한 재봉 공장의 건물 복도. 사람들은 정신없이 일을 하고 있고 배를 움켜쥐고

뛰고 있는 영희의 뒷모습. (카메라는 교묘하게 컷을 나눠 관객에게

영희의 얼굴을 보여주질 않는다) 복도 끝에 이 공장에 하나밖에 없는 화장실에는

줄이 엄청나게 길게 늘어서 있다. 대부분 얼굴빛이 좋지 않고 배를 움켜쥐고 있다.

영희는 줄의 끝부분에 서서 배를 움켜쥐고 서 있는데 줄은 줄어들 기미가

보이지 않는다. 다급한 영희는 복도에 걸린 시계를 한 번 본다.

#14. 서울 근교의 어떤 다방 / 낮

다방에서 현재의 할머니가 웃음을 큭! 참더니 다들 웃음을 터뜨린다.

사람들	크하하하!
할머니	1분 안에 화장실을 갔다 오랬다고 똥도 못 누고 와서는...
할아버지1	미련하게 그냥 바지에 일을 봐 버린 거야~ 크크크

#15. 과거. 청풍피복 / 낮

영희의 바지 밑단으로 새어 나오는 묽은 똥... 그리고 멍하니 서 있는 영희의

뒷모습을 경악하며 바라보는 청풍피복의 사람들.

#10. 현재. 서울 근교의 어떤 다방 / 낮

#16. 현재. 서울 근교의 어떤 다방 / 낮

화면은 바뀌어 현재의 할아버지들과 할머니.

할아버지1 아이구 그 모습이 올매나 기괴하던지...

할머니 (꺄르르 웃으면서...) 아이구 생긴 것도 생긴 건데
거기에다가 바지에 똥까지 지려서는...

할아버지2 그때 이후론 다~ 똥걸레... 똥걸레 했어...

김수진 그 영희라는 분이 도대체 어떻게 생겼었길래...
사람들마다 생긴 거 가지고 뭐라고 하네요?
얼굴 쪽에 장애가 있던 분은 아니고요?

할머니 장애? 글쎄... 뭐 어떻게 생겼다고 얘기하기가
참 애매하네... 아무튼 안 좋아... 못생겼어...

임동환 (다급하게...) 저기 혹시 사진 같은 건 없었나요?

할아버지2 사진? 글쎄... 그때는 사진을 그렇게 많이 찍을 때가
아니라서...

할아버지1 회사 들어올 때 사진 찍어 제출해야 하긴 했는데...
그게 남아 있을래나?

할머니	그게 세월이 얼만데 그게 아직까지 있것어?
임동환	혹시... 원한을 살 만한 사람도 없었나요?
할머니	괴물같이 생기고 더러워서 사람들이 싫어하긴 했어도 애는 착해서 원한을 살 만한 일은 없었는데...
할아버지2	맞어... 그렇게 생겼어도 그 장님 새끼랑 결혼해서 행복하게 살았을걸?
할아버지1	(뭔가 기억이 나는 듯) 아녀... 뭔가 일이 있긴 했던 거 같은데... 우리 사장님이랑...
김수진	네? 그 사장이라는 분하고 뭔 일이 있었어요?
할머니	에이 그건 말하지 말어... 그 사장님이 얼마나 심성이 좋으신 분인데 똥걸레를 거시기 했것어... 그때 우리도 밥 안 굶던 것도 다 사장님 덕이구만...
김수진	말씀해 주세요, 네?

할머니와 할아버지들은 자기네들끼리 눈치를 슬슬 보며 말을 아끼고 있다.

할머니	(O.S.) 그건 진숙이한테 얘기 듣는 게 나을 텐데...

#17. 서울 근교의 다방 앞 / 낮

**조그마한 건물의 다방 문을 열고 나오는 수진과 동환. 수진은 나오자마자
어딘가에 전화를 건다.**

김수진	(전화기에 대고...) 선배! 나 몇 개 좀 수소문할 게 생겼는데 어디다 연락해야 제일 빠른가? 1970년대

있던 의류 피복 공장 사장 한 명 파악해줘야 할 것
같아... 응 그럼 연락처랑 나한테 문자로 좀 넣어줘...
응... 고마워... (전화를 끊고는 동환을 보면서...) 이쪽으로
제일 빠른 선배예요. 금방 알 수 있을 거예요...

임동환 피디님 고맙긴 한데요... 그냥 제가 알아봐도
괜찮아요... 저희 집안일인데...

김수진 아니에요... 무슨 말씀이에요 이런 거 저한테는 일도
아니에요. 그럼 오늘은 좀 쉬시고요... 내일 제가
연락드릴게요? 네? 오늘은 좀 쉬세요...

수진은 자기 할 말을 마치더니 자신이 타고 온 카니발의 문을 열고
안으로 들어간다. 그리고 카니발이 떠나는데 동환의 뒷모습 앞으로 다방에서
나온 할아버지들과 할머니가 자기들끼리 재미있는 얘기를 하듯 간다.
그 자리에 침통하게 서 있는 동환의 뒷모습.

#18. 임영규와 임동환의 아파트 / 밤

현관문을 열고 들어오는 동환. 어두운 아파트로 들어와 아버지 방을
열어보는 동환. 영규는 침대에 누워 잠들어 있다. 동환은 아버지가
잠들어 있다는 것을 확인하고는 돌아나간다. 깨어 있는지 잠들어 있는지 모를
영규의 얼굴을 카메라는 잠시 붙들고 있다가 다음 장면으로 전환한다.

동환의 노트북. 동환은 맥주를 한 캔 마시면서 아버지에 대한 기사를 검색하고 있다.

〈왕의 삶 타이틀을 디자인한 시각장애인 전각 장인 임영규 선생〉

〈자신의 결핍을 극복한 한국의 기적 임영규 선생〉

〈시각장애인 디자이너 임영규의 일대기가 만화로 나온다〉

〈임영규 선생 올해의 아름다운 한국인으로 선정〉

동환은 그 기사 사진에 나온 아버지의 사진과 그 옆에 있는 자신의 사진을 본다.

그때 울리는 동환의 핸드폰. 메시지가 도착한다. 수진이다.

"아까 어르신들이 만나보라던 이진숙 씨. 내일 뵙기로 했어요."

추가로 남겨지는 메시지... "그 사장이라는 분도 위치 파악됐고요~ 내일 봬요^^"

수진의 문자를 확인하고 다시 한번 한숨을 내쉬는 동환,

다시 노트북으로 시선을 옮긴다. 아버지 옆에서 환하게 웃고 있는 자신의 얼굴을

바라본다. 그리고 암전 이후의 자막 〈세 번째 인터뷰〉

#18. 서울의 빌라촌 모습 / 낮
#19. 서울의 빌라촌 모습 / 낮

다닥다닥 붙은 빌라들이 모인 빌라촌의 모습이 보인다.

#50. 이진숙의 아파트 안 / 낮
#20. 이진숙의 아파트 안 / 낮

20평대 아파트의 거실. 그곳에는 한 할머니(이진숙, 60대)와 그의 아들과
며느리가 소파에 앉아 있다. 그 맞은편에 앉아 있는 동환과 수진.

아들   (수진의 명함을 보다가 내려놓으며) 그래서... 뭘 알고
싶어서 오신 겁니까...

김수진   저희는 정영희 씨의 마지막에 대한 이야기를 듣고
싶어서...

아들   아니... 그러니까 우리 어머니하고 그 정영희라는
사람하고 무슨 관계가 있다고 여기까지 오셔서
그러시냐구요...

임동환   ...

이진숙   내 시다였어. 영희 언니... 나보다 나이가 서너 살
위의 언니였는데... 내가 엄청 부려먹었거든...

아들   ...

이진숙   (눈에 눈물이 핑 돌면서...) 영희 언니가 그 옛날에
그렇게 저세상에 갔다면 그건 나한테도 책임이
있어... (수진을 바라보며... 희미한 미소를 지으며...)
나 영희 언니한테 못할 짓 한 사람이야...

자신의 어머니가 이야기를 시작하자 아들 내외도 흥분을 가라앉히면서...
진숙의 이야기에 귀를 기울인다.

#21. 1970년대 청풍피복공 공장 내부 / 밤

#21. 1970년대 청풍피복공 공장 내부 / 밤

과거의 영희가 다니던 공장의 밤. 이야기는 진숙의 나레이션으로 시작된다.

불 꺼진 텅 빈 상가 복도의 모습이 보인다.

이진숙　　(나레이션) 한 번도 싫은 내색 안 하고 묵묵하게
　　　　일하던 언니였어...

불 꺼진 공장 재봉틀 앞에서 혼자 울고 있는 진숙, 그때 문 쪽에서 인기척이

들리더니 불을 켠다. 재빨리 눈물을 닦는 진숙, 문 쪽에서 들린 인기척은 영희이다.

카메라는 여전히 영희의 얼굴을 교묘히 보여주지 않는다. 이제 관객은 카메라가

부자연스럽게 컷을 넘기는 것만 봐도 그것이 영희라는 것을 알 수 있을 정도다.

진숙은 눈물범벅이 돼서 영희를 바라보고는 말을 한다.

이진숙　　(눈물을 급하게 훔치면서...) 뭐야... 언니 왜 안 갔어요...
정영희　　(진숙을 보고는 깜짝 놀라 다가오면서...) 재봉사님 왜 울고
　　　　있어요.

진숙은 영희의 그 말에 왈칵 눈물이 쏟아진다.

영희는 깜짝 놀라 다가와서 진숙을 안아 준다. 영희가 안아주자 진숙은

영희를 붙잡고 엉엉 울기 시작한다.

#22. 현재. 이진숙의 아파트 안 / 낮

#22. 현재. 이진숙의 아파트 안 / 낮

현재의 진숙이 입술을 파르르 떨면서 말을 잇는다.

이진숙 영희 언니를 보니까. 갑자기 다 털어놓고 싶더라고...
(약간 뜸을 들이더니... 눈물을 주르르 흘리며...) 그 사장놈이
나를 강간했다고...

어머니가 한 의외의 말에 아들 내외는 깜짝 놀라 진숙을 바라본다. 계속 말을 잇는 진숙.

이진숙 그걸... 누구한테 얘기하겠어... 그 사장놈은
돈도 안 떼어먹고 가끔 용돈도 챙겨 주던...
사람들 사이에선 천사로 불리던 사람인데...

#23. 1970년대 이진숙의 회상, 상가 광장 / 밖

#23. 1970년대 이진숙의 회상, 상가 광장 / 밖

점프 컷 느낌으로 들어가는 진숙의 회상. 인상 좋아 보이는 공장의 사장,
백주상의 모습이 보인다. 사람들을 향해 웃으며 인사하는 점퍼 차림의
40대 남자. 오래된 필름 카메라를 들고 인사를 하다가 지나가는 여공에게 포즈를
취해보라고 하고는 카메라로 사진을 찍는다. 그러자 여공들은 꺄르르 웃는다.

#24. 1970년대 임영규의 허름한 집 / 저녁

#24. 1970년대 임영규의 허름한 집 / 저녁

허름한 집에서 도장을 사포에 문지르고 있는 영규의 모습이 보이고

그 옆에 갓난아기를 재우고 있는 영희의 모습이 보인다.

정영희	(영규에게 말한다) 미안해요... 당신 도장 만드는 데 힘들 텐데... 거기에 우리 동환이까지 보면서 일을 하게 해서...
임영규	뭘~ 미안해... 내 새끼 내가 돌보는 건데... 돈 조금만 더 모아서 당신도 그 시다 일 관두고 우리 동환이 돌보는 데 힘쓰면 되지... (약간 시간을 두고는...) 근데 뭔 일 있어?
정영희	아니... 그냥... (그러다가 잠시 시간을 두고는...) 근데... 나쁜 놈이 착한 척하고 다니면 그건 나쁜 거예요? 착한 거예요?
임영규	뭐? 그게 무슨 말이야?
정영희	아니... 암것도 아니에요...

아기를 달래는 영희. 그런 영희를 이상하게 생각하는 영규의 모습.

#25. 1970년대 정영희가 다니던 상가 복도 / 아침
#25. 1970년대 정영희가 다니던 상가 복도 / 아침

새벽같이 공장에 출근한 영희,

공장 복도에 들어서며 마침 지나가던 재단사에게 인사를 한다.

재단사   (불만스러운 듯 영희를 바라보며...) 니네 사수는 오늘도
무단결근이다. 사장님한테 얘기해서 진짜
사람을 새로 구해야지... 한참 바쁜데 뭔 짓이야...

정영희   (재단사의 말에 깜짝 놀라면서...) 네? 재봉사님한테
연락해보셨어요? 어디 아프실지도 모르는데 갑자기
다른 사람을 새로 뽑으면...

재단사   (영희의 말을 자르며...) 똥걸레... 너 시집가더니...
좋은가보다? 니 의견도 얘기하고? 어?
(선을 긋던 자로 영희의 머리를 툭툭 치며...) 그 장님 새끼가
잘 해주나 봐? 지금 이 상황이 니가 나설 상황이야!!

영희는 주눅이 들어 고개를 숙인다. 짜증 난다는 듯이 영희를 보고 갈 길을 가는 재단사.

영희는 그 자리에 서서 재단사를 바라본다.

#26. 1970년대 정영희가 일하는 공장의 복도와 작업장 / 낮
#26. 1970년대 정영희가 일하는 공장의 복도와 작업장 / 낮

분주한 청풍피복의 공장 안. 다들 바삐 일을 하고 있다.

그때 안으로 들어오는 재단사.

재단사	(공장 직원들에게...) 내일부터 새 재봉사가 올 거야. 똥걸레 너는 그 재봉사 시다 하면 돼...
정영희	네? 재봉사님은 어쩌고...
재단사	야! 무단결근 이틀째야!! 이대로는 납품 기한 못 맞춰!! 사장님이 진숙이는 일 그만두게 한다고 했으니까... 그런 줄 알어!
정영희	네? 사장님이 그랬다고요?
재단사	(영희를 어이없다는 듯이 보면서...) 빨리 일 안 해?

놀라서 그 자리에 못 박혀 있던 영희는 급하게 밖으로 나간다.

| 재단사 | 야! 어디 가!! |

#27. 1970년대 백주상 사장의 방 / 낮

#27. 1970년대 백주상 사장의 방 / 낮

자신의 책상 라이트박스에 필름을 놓고 비추면서 돋보기를 대고
그 필름들을 보면서 낄낄대고 웃고 있는 백주상. 그때 문이 덜컥 열리면서
누군가가 들어온다. 깜짝 놀라는 백주상.

| 백주상 | 아 씨... 뭐야? |

정영희	사장님... 이진숙 재봉사님 그만두게 한다는 말씀 정말이에요?
백주상	뭐?
정영희	사장님, 진숙 재봉사님 그만두게 한다는 거 당장 그만둬 주세요.
백주상	뭔 소리야~ 다 일하자고 그러는 건데.
정영희	재봉사님 왜 안 나오는지 아시잖아요?
백주상	뭐야 뭔 개소리야.
정영희	(상기되어...) 사장님이 재봉사님한테 몹쓸 짓 해서 안 나오는 거잖아요!!
백주상	(벌떡 일어나며...) 이 쌍년들이... 무슨 소리 하는 거야!! 당장 꺼져!! 안 꺼져!!

영희는 백주상의 고함소리에 놀라 그 자리에 잠시 있다가 뒤를 돌아

백주상의 방을 나온다.

#28. 1970년대 정영희의 공장 복도 / 낮

사장의 방을 나와 복도를 걷는 영희의 뒷모습. 분주한 사람들 사이에 묻힌다.

그때 들리는 진숙의 나레이션.

이진숙　　　　(나레이션) 자기 일도 아닌데... 그쯤에서 그만뒀으면
　　　　　　　　좋았을 텐데... 미련하게...

#29. 1970년대 정영희와 임영규의 집 / 밤

영희와 영규가 사는 산 속 초가집의 외경이 보인다. 영규는 도장을 파는 칼과 공구를
정리하고 있고 아기는 잠들어 있다. 뒤편에 앉아 무언가 열심히 쓰는 영희.
영규는 자신의 뒤편에서 무언가에 열중해 있는 영희가 개운치 않은 표정이다.

임영규　　　　(공구를 정리하며...) 어이... 뭘 그리 해...
정영희　　　　(여전히 뭐라고 계속 쓰면서...) 암것두 아니에요.
　　　　　　　　신경 쓰지 말아요.

영규는 신경 쓰지 말라고 하니 뭐라 할 말은 없지만 무언가 탐탁지 않다.

#30. 1970년대 정영희의 공장 건물 앞 광장 / 아침

새벽부터 출근하는 사람들로 붐비는 상가 앞 광장. 기분 좋게 평소처럼
카메라를 목에 걸고 출근을 하는 백주상. 그런데 사진을 찍으려고 여공에게
카메라를 들이대자 여공은 어색하게 목례를 하고 도망을 간다.
그 모습을 이상하게 생각한 백주상은 바닥에 떨어진 전단지에 시선이 간다.
" 청풍피복 백주상 사장은 여자를 강제로 성포켕 하는 변태입니다"
그 전단지를 보고 얼굴이 구겨지는 백주상.

#31. 1970년대 백주상 사장의 방 / 낮

#31. 1970년대 백주상 사장의 방 / 낮

백주상의 책상에 놓여져 있는 전단지. 그걸 바라보는 백주상의 얼굴.

백주상   이 미친년이...

백주상의 앞에는 영희의 재단사가 어쩔 줄 모르는 얼굴로 서 있다.

백주상   (재단사를 바라보며...) 야이 새끼야!! 개년들 관리를
어떻게 했길래 이딴 글을 쓰게 만들어!! 이 쌍년들
다 못 나오게 해!!!

재단사   (당황을 하면서...) 아... 네... 알겠습니다.

당황하며 사장실을 나가는 재단사, 그리고 화가 나서 고함을 치는 백주상.

#32. 1970년대 정영희가 일하는 공장의 작업장 / 낮

#32. 1970년대 정영희가 일하는 공장의 작업장 / 낮

사람들은 전단지를 나눠주고도 아무렇지 않게 옷감들을 나르며 자기의 일을 하는

영희를 보며 수군대고 있다. 그때 작업장을 급하게 들어오는 재단사.

제단사	(영희를 보자마자 얼굴이 일그러져서는) 야이 똥걸레!! 이 쌍년이 그 지랄을 하고 뻔뻔하게 여기서 일을 하고 있어!!
정영희	(제단사 쪽을 보면서...) 무슨 일이요? 그게 왜 잘못된 거예요?

제단사	(영희의 얼굴을 한 대 치려는 시늉을 하면서...) 아 씨발 이 괴물 같은 년이 우리 사장님을 욕보이고 돈은 돈대로 받아 처먹을라고 일을 하고 있어!! 당장 나가 이 쌍년아!!
정영희	저는 그렇다 치고 재봉사님은 어떻게 되는 건데요? 재봉사님도 자를 거잖아요!!
제단사	그래 이 똥걸레야!! 니 두년 다 이 근처에서는 일도 못하게 할 거니까, 당장 꺼져!!
정영희	아니 잘못은 자기가 하고 그렇게 하라고 사장님이 그래요?
제단사	(기가 막히다는 듯이 피식 웃으면서...) 아니 그걸 니가 왜 알라고 하는데~에!!
정영희	저 사장님이랑 얘기해 봐야겠어요!

영희는 재단사를 밀쳐내고 사장실로 가려고 하는데...

작업장 초입에 들어서는 진숙과 마주친다. 공허한 얼굴의 진숙.

정영희 (진숙을 보고...) 재봉사님...

진숙은 눈물이 글썽거리는 얼굴로 일그러지더니 영희의 따귀를 있는 힘껏 때린다.
따귀를 맞고 얼떨떨한 영희의 뒷모습.

이진숙 (영희를 증오와 경멸의 얼굴을 하고 바라보며...)
그만해 이 쌍년아.

#33. 현재. 이진숙의 아파트 안 / 낮

현재의 할머니가 된 진숙의 아파트 창밖에서 바라본 앵글.
고개를 숙이고 말을 잇지 못하는 진숙과 아들과 며느리, 그 앞의 동환과 수진의 모습.
진숙의 얼굴. 공허한 표정이다.

이진숙 몰랐겠지... 그런 글을 쓰면 백주상 그놈이 아니라...
그 성폭행 당한 년이 누군지 더 궁금해하는 걸...
사람들한테 알려진 게 부끄러웠어... (한숨을 쉬고는...)

영희 언니는 (갑자기 목이 메이면서...) 나를 도와주려고
한 건데...

말을 잇지 못하는 동환.

이진숙   아마 그 사장놈은 계속 그러고 살았을 거야...
내 수치심이 그놈을 용서했으니까... 영희 언니가
그 사장놈한테 죽은 거면... 어쩌면 내가 그 꼴을
당하게 만든 거야...

그 얘기를 듣고 충격을 받는 수진과 동환. 고개를 숙이는 진숙의 아들...

#3? 현제. 이진숙의 아파트 앞 주차장 / 낮
#34. 현제. 이진숙의 아파트 앞 주차장 / 낮

진숙의 아파트 앞 주차장에 세워진 방송국의 카니발. 그리고 그 카니발 안에
고개를 숙이고 앉아 있는 동환. 그리고 그 앞에 앉아 눈물을 훔치고 있는 수진.

김수진   (눈물을 훔치며) 가 보죠... 그 백주상이란 새끼 만나러...
임동환   (바로 대답을 못한다) ...

김수진　　　아니, 아무 죄도 없는 사람을... 동환 씨 어머니가
　　　　　　불쌍하지도 않아요?

임동환　　　(말없이 수진을 한번 본다) ...

김수진　　　들어봐야죠. 왜 그렇게까지 했는지... 안 그래요?
　　　　　　그 죗값을 받게 해야죠...

수진의 이야기를 말없이 듣던 동환이 텅 빈 눈빛으로 수진의 카메라를 한번 바라본다.

자신을 향하고 있는 수진의 카메라 가방을 보는 동환.

그리고 암전 이후의 자막 〈네 번째 인터뷰〉

#35. 현재. 영등포 거리의 구멍가게 앞 / 해질녘

어둑어둑해지기 시작하는 영등포의 거리.

#36. 현재. 영등포 쪽방촌의 어떤 쪽방 / 해질녘

쓰러져 가는 집들이 모여있는 좁은 골목. 수진은 길을 걷고 있고

그 뒤를 동환이 따른다. 그리고 허름한 집에 도착하는 둘. 쓰러져 가는 대문을

천천히 열면서 들어가는 수진.

김수진　　　계세요~

집 안으로 들어와 문을 열고 들어간다. 그리고 문 안쪽을 보고 놀라는 동환.

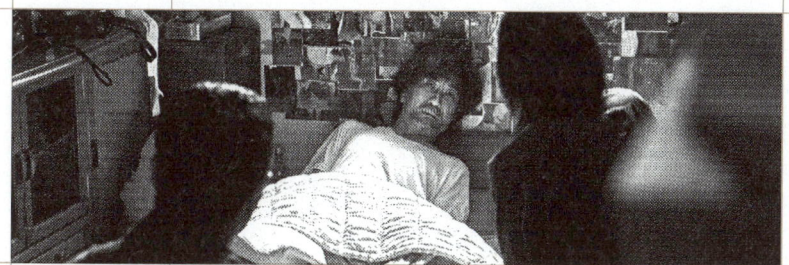

그러자 그 안에 한 80대 노인이 누워있다. 노인의 옆에는 언제부터 있었는지 모를 쌀 포대가 노인 쪽으로 뜯어져 있다. 동환은 그 공간에 올라와서 그 노인을 바라본다. 노인의 얼굴은 세월의 무게에 짓눌려 심하게 일그러져 있다. 노인은 수진과 동환을 보고 지옥에서 들리는 듯한 가래 끓는 목소리로 묻는다.

노인   뭐야 니네들은...

수진은 미소를 지으며 노인에게 말을 한다.

김수진   안녕하세요. 저희는 방송국에서 나왔는데요.
(약간의 정적이 흐른 후...) 어르신이 백주상 씨 맞으시죠?

동환이 이 초췌한 노인이 백주상 사장이라는 것을 알아차리고 놀라서 수진을 한번 바라본다. 수진은 백주상의 모습을 향하도록 소형 카메라가 있는 가방을 놓는다.

백주상   뭐? 방송국에서 왜...

동환은 백주상의 말에 주변을 둘러보다가 백주상 뒤편에 가득 붙어있는 사진들에 눈이 간다. 그 사진들은 벌거벗은 여공들이 공포에 질린 얼굴로 청풍피복 작업장을 배경으로 찍힌 사진이다. 그 사진에는 젊은 시절 진숙의

사진도 보인다. 그 사진들을 충격적으로 바라보는 동환, 수진은 그 사진을 보고
침착하게 백주상에게 말을 건다.

김수진 저흰 뭣 좀 여쭤보려고 왔어요...
백주상 (옆에 있던 두루마리 휴지를 힘없이 던지며) 빨리 나가.
이 쌍것들아.

수진은 맥없이 날아온 휴지를 한번 보더니 지갑을 꺼내 오만 원권 하나를 빼서
꾸깃꾸깃 접는다.

김수진 (꾸깃하게 접은 오만 원권을 내려놓으며) 혹시... 정영희라는
분 기억나세요?
백주상 (오만 원권에 눈을 떼지 못하며) ... 누구?
김수진 예전에 피복 공장 하실 때 거기 일하던...
똥걸레라고도 불렸었는데...
백주상 (오만 원권을 잡으며 금세 맑은 눈이 되어...) 알아...
그 못생긴 년....
김수진 아... 기억이 나세요?
백주상 그럼 기억나지... 지 주제도 모르고 설치던
못생긴 년...

김수진 아... 기억나시나 보네... 저희는 정영희 씨의 마지막을 알고 싶어서 왔어요. 어르신, 알고 계신 거 있으시면 솔직하게 말씀해 주세요. 어차피 그 사건은 이미 공소시효도 다 지났다고 하더라구요...

백주상 지나면 안 되지!! 공소시효!!... 그놈이 안 잡혔어?...

김수진 네? 그놈이요?

백주상 그 장님 새끼가 죽였잖아. 지 마누라를...

김수진 (깜짝 놀라면서...) 네?

수진은 깜짝 놀라 동환을 바라본다...

동환은 백주상의 갑작스런 이야기에 너무 놀라 눈이 동그랗게 떠진다.

백주상 아이고... 그게 안 밝혀졌구만... 크크크 그 새끼 아무튼 용한 놈이야...

백주상은 키키키 웃으면서 옆의 쌀포대에서 다시 쌀을 한 주먹 꺼내 입에 넣는다.

#37. 1970년대 백주상의 사장실 / 밤

오래된 카세트 플레이어에서 블루스 음악이 재생되고 있다.

그리고 백주상 사장의 방에서 그 음악에 맞춰 블루스를 추고 있는 이 사장과 접대부.

그리고 그 모습을 술에 취해 박수를 치며 바라보는 백주상과 접대부,

그리고 김 사장. 그때 들리는 노크 소리. 그리고 들어오는 영규의 모습.

영규의 모습에 블루스를 추던 이 사장과 접대부들도 돌아본다.

백주상	아! 왔다 왔어!! 일루와 앉아!! (나머지 두 명의 아저씨를 바라보며...) 야 야 아까 내가 말했던 친구가 이 친구야...
접대부	(영규를 바라보며 신기하다는 듯이...) 아 진짜~ 이 양반이 앞이 보이지도 않는데 도장 판다는?
김 사장	어이 앉아 앉아...
백주상	어 그래 이 친구야 일루와 앉아봐... 응?

영규는 어색한 미소를 지으며 백주상의 옆자리에 앉는다.

이 사장	아니 어떻게 눈이 보이지도 않는데 그리도 손재주가 좋단 말이지?
접대부	신기하다~
백주상	(영규를 보면서...) 그치 우리 공장 옆에 노상에서 도장 파는데... 도장이 (엄지를 치켜들면서...) 이거야 이거...
접대부	진짜? 한번 보여주면 안 돼요?
백주상	그래 그래~ (영규의 어깨를 한번 툭 치면서...) 야 한 번 보여줘라 보여줘...

영규는 약간 쭈뼛쭈뼛 어찌할 바를 모른다.

백주상   아... 빨리...

영규는 백주상의 재촉에 가져온 도장을 파는 도구를 술자리에 펴더니

도장 끝을 슥 만지고는 칼로 정성스레 도장을 파기 시작한다...

그 모습을 신기하다는 듯이 바라보는 사람들... (약간의 시간 경과)

영규는 다 판 도장에 인주를 꾹 찍더니 빈 종이에 도장을 꾹 누른다.

그러자 예쁜 글씨가 나타난다.

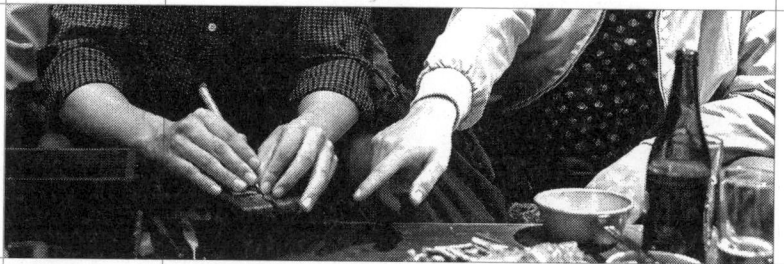

사람들   와~

백주상   봤지 봤지! 내가 뭐랬어... 이 친구 대단한 친구야
응? 앞도 못 보는데 이렇게 예쁜 글씨를 어떻게
파냔 말이지...

이 사장   (영규의 눈 앞에 손을 휘휘 저으면서...) 거 참...
보이는데 안 보이는 척 하는 건 아니겠지?
응 이게 눈도 안 보이는 게 이게 이쁜 글씨인지
미운 글씨인지는 어떻게 아는 건가~ 응?

백주상   그러니까 용하다 이거야... 이게 용한 게...
이 친구가 판 도장으로 계약을 하면 그 계약은
문제가 없어! 깔끔해!

김 사장   그래?

백주상 이게 단순한 도장이 아니라 부적 효과가 있다
이거야! 응?

이 사장과 김 사장은 영규가 판 도장을 신기하다는 듯이 이리저리 둘러보고 있다.

백주상 그러니까... 니네 도장 팔 일 있는 놈들이 이 친구한테
파라 이거야...

이 자리가 어색한 영규... 그때 영규의 손에 맥주잔을 쥐여 주는 백주상.

백주상 야... 마셔 마셔... 내가 너 용하고 기특하니까 한잔
줄게... 응?

영규는 백주상의 호의가 어색하지만 기분이 나쁘지만은 않다.

백주상의 맥주잔을 받아들고 쭉 들이켜는 영규.

#38. 1970년대 상가 근처의 거리 / 밤

텅 빈 거리. 지팡이로 앞을 더듬으면서 길을 걷고 있는 영규.

익숙하게 지팡이를 좌우로 더듬으며 걷다가 갑자기 그 자리에 서는 영규.

무슨 생각에 잠기는 듯하다. 점프 컷으로 넘어가는 화면.

#39. 1970년대 백주상의 사장실 / 밤

음악이 꺼지고 한산한 모습이다. 같이 술을 먹던 접대부도 없다.

백주상과 같이 술을 먹던 아저씨 둘은 그대로 곯아떨어져 있다.

술에 잔뜩 취한 백주상의 모습. 그리고 그 옆에는 긴장한 표정의 영규의 모습.

백주상   (술에 취해 눈도 제대로 못 뜨면서...) 이 새끼야...
너 나를 은인으로 알아야 해... 알아!!

임영규   ...

백주상   근데... 이 새끼야 너 주제도 모르는 새끼야? 응?

임영규   아닙니다. 항상 감사하고 있습니다.

백주상   야이 새끼... 니 마누라 년이 나한테 개기고
있는 건 알아?

임영규   ...

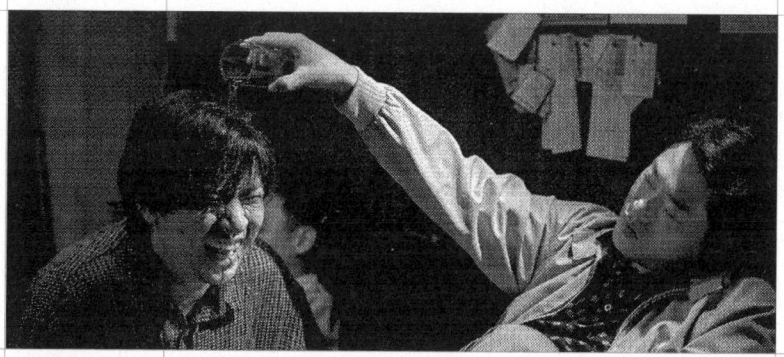

백주상   설마 니가 부추기고 있는 건 아니지? 응?

임영규   (놀라면서...) 아닙니다. 절대...

백주상 니네 둘... 니네 같은 쓰레기 죽여 없애는 건
나한테는 일도 아냐? 알아? (마시던 맥주잔을 영규의
머리 위로 붓는다) 은혜도 모르는 놈...

영규는 머리에 맥주를 뒤집어쓰면서 말없이 그 자리에 앉아 있는다.

백주상은 혼자 주정에 지쳐 쓰러진다.

#40. 1970년대 상가 근처의 거리 / 밤

다시 화면은 거리의 모습으로 넘어간다. 거리에 멈춰서 있는 영규의 모습.

영규는 다시 지팡이를 좌우로 흔들면서 걸어간다.

#41. 1970년대 정영희 &임영규의 집 / 밤

영희와 영규의 허름한 초가집, 밤. 영규는 도장을 파는 칼과 공구를 정리하고
있고 아기는 잠들어 있다. 뒤편에 앉아 무언가 열심히 쓰는 영희. 영규는 자신의
뒤편에서 무언가에 열중해 있는 영희가 개운치 않은 표정이다.

임영규 (공구를 정리하며...) 어이... 뭘 그리 해...

정영희 (여전히 뭐라고 계속 쓰면서...) 암것두 아니에요.
신경 쓰지 말아요.

영규는 영희의 말을 듣고 다시 일에 열중한다. 얼굴이 차갑다.

#42. 1970년대 백주상 사장의 방 / 낮

백주상 사장의 책상에 놓여져 있는 전단지. 그걸 바라보는 백주상의 얼굴.

백주상 이 미친년이..

백주상의 앞에는 영희의 재단사가 어쩔 줄 모르는 얼굴로 서 있다.
그리고 화가 나서 고함을 치는 백주상.

백주상 (재단사를 바라보며...) 야이 새끼야!! 개년들 관리를
어떻게 했길래 이딴 글을 쓰게 만들어!! 이 쌍년들
다 못 나오게 해!!!

재단사 (당황을 하면서...) 아... 네... 알겠습니다.

당황하며 사장실을 나가는 재단사,
백주상은 자신의 자리에 다시 앉더니 혼잣말로 중얼거리기 시작한다.

백주상 주제도 모르는 것들... 은혜도 모르는 것들...
쓰레기 같은 것들...

백주상은 혼잣말을 중얼거리다가 무슨 생각이 들었는지 전화기를 든다.

백주상   (전화기에 대고...) 어... 야... 내가 곤란한 일이 생겨서... 니네 애들 얼마나 모아 줄 수 있냐? 응?

#43. 1970년대 정영희와 임영규의 집으로 가는 어두운 산길 / 밤

#43. 1970년대 정영희와 임영규의 집으로 가는 어두운 산길 / 밤

깜깜해서 한 치 앞이 보이지 않는 어두운 산길. 영희는 영규의 손을 잡고 이끌면서 그 어두운 산길을 천천히 걸어가고 있다. 밤에 우는 날짐승의 울음소리가 더욱 분위기를 으슥하게 만들고 있다. 영규는 잠든 아기를 꼭 안고 영희의 손을 잡고 지팡이를 좌우로 휘저으면서 천천히 걸음을 옮기고 있는데 갑자기 영규의 표정이 조금 놀라는 표정으로 바뀌더니 걸음을 멈춘다. 영규가 걸음을 멈추자 영희는 의아하다는 듯이 영규를 바라보는 뒷모습. (여전히 영희의 얼굴을 보여주지 않는 연출) 영규는 그 자리에 멈춰 서서 불안하게 소리친다.

임영규   누... 누구야.

영규의 두려움에 찬 목소리에 한참 반응이 없는 분위기였다가... 서서히 이곳저곳 플래시가 켜지더니 수풀 속에서 웬 사내들이 몽둥이를 들고 나온다.

정영희   당신들 뭐야?

사내들은 영희와 영규 쪽으로 서서히 다가온다.

정영희   당신들 사장이 보냈어?

사내들은 영희의 말이 끝나기도 전에 영희의 머리채를 쥐고 밀쳐 낸다.
영희는 힘없이 쓰러지고 사내들은 몽둥이로 영희를 무차별적으로 폭행하기
시작한다. 힘없이 소리치는 영희의 신음소리에 영규는 금방 울 듯한
얼굴로 말리려고 하지만 사내들은 영규도 옆으로 밀쳐내고 영규의 지팡이는
어디론가 떨어진다.

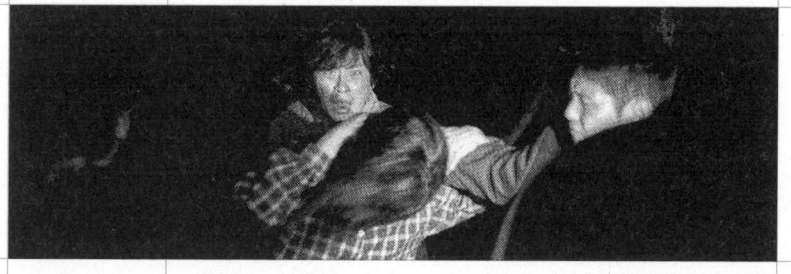

임영규 (으아앙 울고 있는 아기를 꼭 안은 체) 저기... 저기...
제발 살려 주세요. 용서해 주세요... 제발 살려만
주세요...

사내들은 한참을 영희를 구타하고 괴물 같은 얼굴로 영희에게
침을 한 번 뱉더니... 다시 어둠 속으로 사라진다.
영규는 더듬더듬 영희에게 다가간다. 영희는 혼절을 했는지 끙끙...
신음 소리만 낼 뿐 오히려 반응이 없다. 영희를 안은 영규는
컴컴한 산속에서 눈물을 흘리며 소리친다.

임영규 살려 주세요... 제발 살려 주세요! 저기요! 누구
없어요? 제발 저희 좀 살려 주세요~

영규의 울음 섞인 목소리가 깜깜한 빈 산속에서 울려 퍼진다.

#44. 1970년대 백주상 사장의 방 / 아침

#44. 1970년대 백주상 사장의 방 / 아침

자신의 방 암실에서 사진을 인화해서 가지고 나오는 백주상, 그리고 그 사진을

말리려고 걸고 있는데... 그때 벌컥 문이 열린다. 문이 열린 쪽을 놀라

바라보는 백주상. 카메라가 문을 들어오는 사람을 뒤편에서 잡고 있다. 영희인 듯싶다.

영희는 문을 열어젖히고 급하게 뛰어 들어와 백주상의 책상 건너편에서

뛰어들어 백주상의 멱살을 잡는다. 백주상은 깜짝 놀라 소리친다.

백주상　　　(영희에게 멱살이 잡힌 채...) 뭐야!... 이... 이... 미친년!!

　　　　　　　억... 억...

정영희　　　내가 뭘 잘못했어! 내가 뭘!!

백주상은 멱살을 쥐고 있는 영희의 눈빛을 바라본다.

그 눈빛에 소름이 끼치는 백주상.

백주상　　　(멱살이 잡힌 채로 소리를 친다) 누구 없어!! 빨리 이년

　　　　　　　좀 떼어내!!

백주상이 소리치자 뒤늦게 재단사 몇 명이 뛰어들어와

영희를 백주상으로부터 떼어 놓기 위해 안간힘이다. 영희는 악착스럽게

백주상의 멱살을 잡고 놓지 않고 몇몇 사람들이 더 뛰어 들어와

영희를 붙잡아서 백주상의 멱살을 놓는다. 사람들에게 잡혀 나가면서도

소리를 치는 영희. 그런 영희를 황당하게 바라보는 백주상.

#45. 현재. 영등포 쪽방촌의 어떤 쪽방 / 해질녘

다시 현재의 백주상이 있는 쪽방. 백주상을 놀란 눈으로 바라보는 동환의 눈빛

그리고 그 옆의 수진의 눈빛. 수진은 동환을 한번 다시 바라본다.

그리고 백주상을 바라보고 있는 수진의 소형 카메라가 들어있는 가방.

늙은 괴물 같은 모습의 백주상은 계속 말을 잇는다.

백주상 아무래도 병신 새끼들이 일을 제대로 못한 거 같아서

다시 보낸 거야. 아예 며칠 푹 누워 있게 만들라고...

#46. 1970년대 정영희와 임영규의 집이 보이는 산길 / 밤

어두운 밤 영희와 영규가 살고 있는 쓰러져 가는 초가집이 보인다.

그리고 그 초가집으로 몽둥이를 들고 다가오는 백주상의 사내들.

조심조심 그 초가집으로 모여들고 있는데 그중 두목 격의 사내가 갑자기

사내들을 손짓으로 잠시 멈추라고 한다.

#47. 현재. 영등포 쪽방촌의 어떤 쪽방 / 해질녘

#47. 현재. 영등포 쪽방촌의 어떤 쪽방 / 해질녘

점프 컷으로 다시 현재. 백주상의 얼굴 클로즈업.

백주상　(얼굴에 약간의 미소를 띠면서...) 그때... 그 장님놈이
밖으로 나왔다고 하더라고...

#48. 1970년대 정영희와 임영규의 집이 보이는 산길 / 밤

#48. 1970년대 정영희와 임영규의 집이 보이는 산길 / 밤

초가집에서 영규가 영희의 시체를 들쳐메고 나온다.

백주상　(나레이션) 그거 참... 이상하지? 죽일 필요까진
없었는데...

영규는 앞이 보이지도 않으면서 영희의 시체를 들쳐메고 한발 한발 조심스레
걷고 있다. 그 모습을 조용히 숨을 죽인 채 바라보고 있는 사내들...
영규는 사내들의 인기척을 잠시 느낀 듯 돌아보다가 사내들이 소리도 내지 않고
있자 다시 영희의 시체를 들쳐메고 걷고 있다. 그를 따르는 사내들...

영규는 영희의 시체를 들쳐메고 비틀비틀 걸어가다가 어느 곳에 멈추더니
영희의 시체를 떨어뜨린다. 영희의 시체는 산속 바로 앞의 나무에 걸려버린다.
하지만 앞도 보이지 않는데 어찌할 바를 모르고 한참을 거기서
실성한 사람처럼 있다가 자리를 뜬다.

백주상　(나레이션) 병신이 시체도 제대로 처리를 못해서 그놈들이 다 마무리하고 장례까지 치러 줬다고 하더라고... 옘병, 지들이 다 덤탱이를 쓸까봐 그랬겠지... 키키키키.

사내들의 두목쯤 되어 보이는 놈은 사내들을 시켜 영희의 시체를 가져오라고 시키자 사내들은 영희의 시체가 굴러떨어진 쪽으로 내려간다.

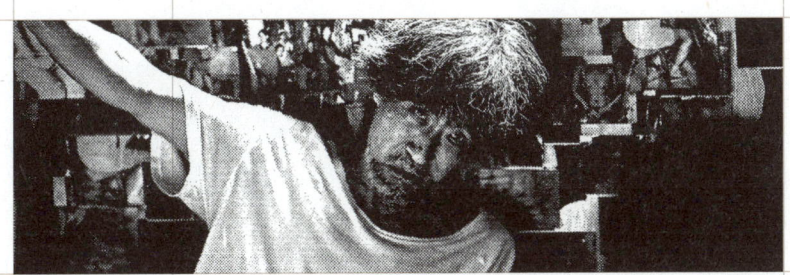

~~#48. 현재. 영등포 쪽방촌의 어떤 쪽방 / 해질녘~~
#49. 현재. 영등포 쪽방촌의 어떤 쪽방 / 해질녘

다시 현재의 백주상의 쪽방.

백주상　(다시 생쌀을 한 움큼 쥐고 입에 넣으면서...) 아마 그놈들이 너무 깊이 파묻어서 그 장님놈이 살인한 게 들통나지 않은 모양이지? (동환의 눈을 뚫어져라 바라보며) 크크크 그 장님 새끼는 우리한테 감사해야겠네... 키키키...

백주상의 이야기에 충격을 받은 동환이 멍하니 허공을 바라보고 있다.

마찬가지로 놀란 수진은 동환의 얼굴을 바라본다.

임동환 (백주상의 멱살을 잡으며) 거짓말하지 마! 바른대로 얘기해. 니가 죽였잖아.

백주상의 방에 있는 사진들을 뜯어내는 동환.

김수진 (당황하며 동환을 말린다) 뭐 하는 거예요!!

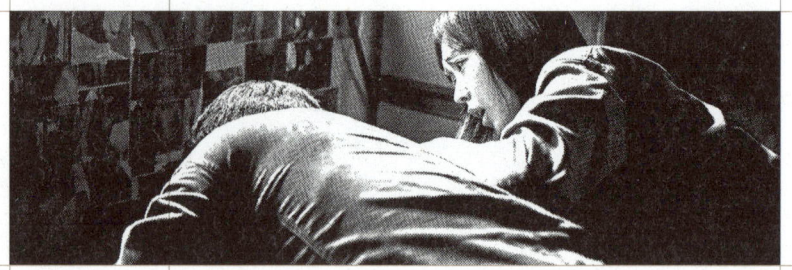

동환이 자신을 말리는 수진을 뿌리치고... 나가떨어지는 수진.
흥분한 동환이 수진의 카메라 가방을 바라본다.
순간적으로 그 가방을 잡아채 안에 있는 카메라를 꺼내 본체를 뜯어낸다.
그 모습을 당황하며 바라보는 수진.

김수진 뭐 하는 거예요!! 빨리 내놔요!!

수진은 갑작스런 동환의 행동에 놀라 동환의 얼굴을 본다. 동환의 얼굴은 기묘하게
두려움에 질려있는 얼굴이다. 그리고 그런 얼굴로 수진의 얼굴을 바라보다
돌아서서 나간다. 수진은 동환의 갑작스러운 행동에 놀라 멍하니 동환의 뒷모습을
바라본다. 백주상은 혼잣말처럼 중얼거린다.

백주상 (고개를 숙이며...) 은혜도 모르는 것들... 모두 나한테 감사해야 돼... 알아... 감사해야 한다고...

#20. 해가 지는 한강 다리 \ 해질녘
#50. 해가 지는 한강 다리 / 해질녘

해가 지는 한강 다리를 달리는 택시 한 대. 그 안에 멍한 표정의 동환이

앉아 있다. 그리고 암전 이후의 자막 <다섯 번째 인터뷰>

#21. 현재. 임영규의 아파트 \ 밤
#51. 현재. 임영규의 아파트 / 밤

영규의 아파트의 현관. 삐삐 소리가 나더니 영규가 지팡이를 들고

현관을 들어온다. 지팡이를 좌우로 흔들며 신발을 벗은 영규는 거실로 들어온다.

어두운 거실. 영규는 보이지 않는 눈으로 거실의 공기를 느낀다. 적막하다.

거실 저편에 스탠드가 켜지며 동환이 지친 듯 자리에 앉는다.

그쪽의 인기척을 느끼는 영규. 그곳에는 동환이 보조 조명을 켜고

의자에 앉아 있다.

임영규 (동환임을 눈치채고...) 언제 왔니... 소리도 없이...

임동환 (아버지와 눈을 마주치지 않고...) 오늘 백주상이라는 사람을 만나고 왔어요.

임영규 (약간 놀라는 눈치...) 백... 누구?

임동환 그 사람이 아버지가 어머니를 죽였다고 하더라고요.

임영규　　그... 그건... 무슨...

임동환　　(낮은 목소리로...) 정말이에요? 아버지?

임영규　　...

영규는 한참을 말이 없이 앉아 있다. 두 부자는 한참을 그렇게 말이 없이 앉아 있다.

그렇게 한참의 정적 후에 영규는 입을 연다.

임영규　　(피식 웃으면서...) 그때가 얼마나 힘든 시절인지
　　　　　　너는 모르지?

영규를 무섭게 바라보는 동환의 눈빛.

그리고 영규의 무거운 고백에 화면은 다시 과거로 돌아간다.

#52. 1970년대 공장 앞 광장 / 오후

공장 앞 광장 복도 한편에 조그마한 도장가게가 생긴다.

그리고 그 앞에 어색하게 서는 젊은 영규. 임영규 전각 공방에 걸린 그 사진이다.

그리고 그 영규에게 말하며 사진을 찍어주고 있는 백주상의 모습.

백주상　　에이... 좀 웃어보라니까...

임영규　　(나레이션) 그 지옥 같은 도제 생활을 끝내고
　　　　　　먹을 것도 아껴가며 모은 돈으로 내 도장가게를
　　　　　　차리던 때에 난 지금까지 고생했던 거에 열 배는
　　　　　　더 고생할 각오가 되어 있었어.

백주상　　(영규를 바라보며...) 아이구 앞도 못 보는데... 용하네...

진짜~ 난 너 같은 놈들 보면 진짜 존경스러워~
대단해~

임영규 (백주상에게 꾸벅 인사하며...) 사장님 감사합니다.
열심히 할게요...

백주상 개업 선물로 내가 이 사진 뽑아다가 액자 해서 줄게~
앞으로 잘돼도 제일 잘 보이는 데 걸어놔~

미소 짓는 영규의 얼굴.

#53. 1970년대 공장 앞 광장 / 오후

도장가게에 앉아 있는 영규의 모습.
멍하니 앉아 있는 영규 앞으로 수많은 사람들이 옷감 등을 들고
정신없이 지나가는 풍경들...

임영규 (나레이션) 호기롭게 시작했지만 장님이 파는 도장에
관심도 없더라고...

(시간 경과) 멍하니 앉아 있는 영규에게 들리는 목소리.

정영희   글씨가 예뻐요...

영규는 고개를 약간 든다. 영규의 도장가게 앞에 진열되어 있는

도장들을 집어서 바라보고 있는 영희의 손.

임영규   예쁘죠... 도장 하나 파실래요?
정영희   파고 싶어요. 근데 저는 도장 파도 아직 어디 쓸 일도
          없을 것 같아요. 나중에... 나중에 꼭 파고 싶어요...
임영규   (영희의 목소리를 들으며... 미소를 지으며...)
          네... 여기 가게 차리고 처음 물어보신 분이니까...
          제가 공짜로 파드릴게요...

정영희   아... 정말이요?...
임영규   이름 한번 말씀해 보세요.
정영희   영희요... 정영희...
임영규   잠시만요...

영규는 막도장 하나를 꺼내 정성스레 영희의 이름의 도장을 만들기 시작한다.

그리고 영희의 이름을 종이 위에 꾸욱 눌러 찍어주는 영규. 그 종이를 들어보는 영희.

#54. 현재. 임영규의 아파트 / 밤

번뜩이며 영규를 바라보는 동환의 눈빛.

임영규

니네 엄마를 만난 건 그때였어... 그렇게 이름을 알고 공짜로 도장을 파 준 게 인연이었지...

(다시 나레이션으로 전환)

#55. 1970년대 공장 앞 광장 / 오후

영규의 앞에 주먹밥을 내려놓는 영희의 손. 영규는 반갑게 영희 쪽을 바라본다.

임영규

(나레이션) 그 후로 나한테 자기가 정성스레 만든 주먹밥이니 뭐니를 내놓더라고... 그렇게 아무도 관심도 없던 나에게 처음으로 니 엄마가 관심을 가져주기 시작한 거야...

도장가게 앞에 있는 영희는 자신이 만든 주먹밥을 영규에게 나눠주며...

정영희 손님 많이 왔어요?

임영규 어... 그럭저럭... 좀 늘고 있는 거 같아...

정영희 (혼잣말처럼...) 전단지라도 써서 돌려야 되나...
아무튼 밥 먹어가며 일해요... 이따 또 들를게요~

그러면서 뒤를 돌아 바삐 자신의 공장 쪽으로 간다.
영규는 영희가 사라져 간 쪽을 미소를 지으며 바라본다. 그때 영규의 옆에
붙어있는 잡화점 주인이 영규를 바라보다가 한마디 한다.

잡화점 주인 이야... 영규는 좋겠어. 저런 미인이 치성을 드리니...

영규는 그 이야기에 약간 놀라더니... 부끄러운 듯 다시 미소를 짓는다.
다른 옷감가게의 주인도 다가와서 한마디 거든다...

옷감가게 주인 그러니까 말야... 저런 미인을 직접 보지도 못한다는
게 한이겠구만...

잡화점 주인 망설일 게 뭐야... 딴 놈이 채가기 전에 붙잡아야지...
같이 살자고 해~

영규는 그 말을 듣고 생각에 잠긴다.

#56. 현재. 임영규의 아파트 / 밤

임영규 그 말을 듣고 나니 불안해지더라고... 그래서
영희한테 꼭 호강시켜 줄 테니 같이 살자고 한 거야...
둘 다 가족도 없었고... 그냥 말 그대로 냉수 한 사발
떠놓고 결혼을 한 거지...

#57. 1970년대 공장 복도 / 도장가게 앞 / 아침

영규의 이야기를 설명하는 회상 장면. 어디서 구했는지 모를
양복을 입고 전통 혼례처럼 서로를 마주 보고 있는 영규와 영희. 도장가게 앞에서
영규와 영희는 주변 사람들의 축하를 받으며 혼례를 치르고 있다.

임영규 (나레이션) 그때까지만 해도 내 인생이 이게
웬 횡재인가 했지... 내가 어떻게든 어떻게든

영희를 무시받지 않고 번듯하게 살게 하고 싶었어.

#28. 1970년대 공장 복도 / 도장가게 앞 / 오후

#58. 1970년대 공장 복도 / 도장가게 앞 / 오후

늦은 점심시간. 도장가게에 앉아 갓난 동환을 안고 달래고 있는 영규.
그때 영희가 저편에서 뛰어와서 아기를 받아서 젖을 물린다. 그제서야 밥을
먹기 시작하는 영규.

임영규

(조용히 애기를 하다 동환을 보며...) 그리고 니가
태어났지만 근근이 먹고만 살았지 내 꿈이
이루어지지는 않더라고...

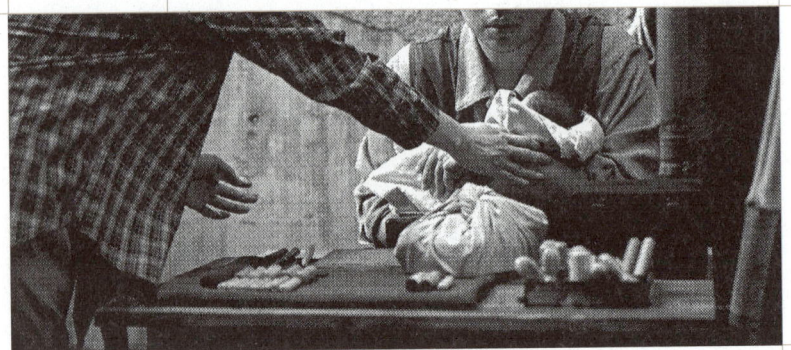

#59. 현재. 임영규의 아파트 / 밤

#59. 현재. 임영규의 아파트 / 밤

조용하게 이야기를 계속하고 있는 영규. 아버지를 노려보고 있는 동환.

임영규 그러던 어느 날 규칠이 놈이 우리 동네 근처에
일이 있다고 와서는 빌어먹을 얘기를 해준 거야...

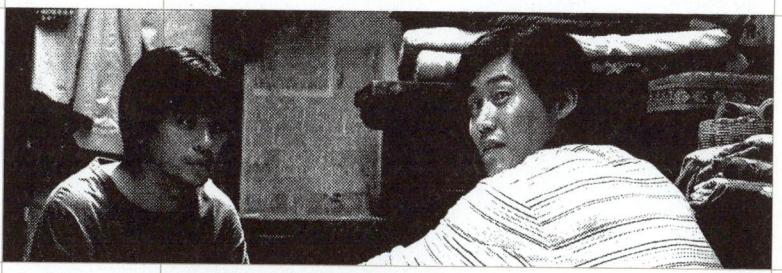

#60. 1970년대 정영희와 임영규의 집 / 밤

영규의 친구 규칠과 영규가 앉아 있고 영희가 간단하게 소주와 김치전 같은 것을
부쳐서 갖다 놓고 갓난아기인 동환이 울자 안고 나간다.

규칠 (나가는 영희의 뒷모습을 보면서...) 자네 안사람은
심성은 좋지?

임영규 그럼... 저렇게 심성이 좋은 사람이랑 내가 사니
복도 많지... 저 심성 고운 사람 얼굴 한번 바라보지
못하니 내가 한이야...

규칠 (픽 웃으면서...) 심성이 좋으면 됐네... 얼굴은 못 보는
게 나을 거야...

임영규 그게 뭔 소리야 저 사람 얼굴 한번 보는 게
내 소원인데...

규칠 크크크, 아니라니까 못 보는 편이 낫다니까...

임영규 그건 또 뭔 소리야.

규칠   주변에서 뭐라고 안 하던가? 자네 안사람 얼굴
             가지고...

임영규   ...

#01. 회제. 임영사히 아관트 \ 밤
#61. 현재. 임영규의 아파트 / 밤

영규는 보이지 않는 눈을 약간 부릅뜨더니 말을 이어간다.

임영규   그... 규칠이... 그놈이 말해 버린 거야... 니 엄마
             얼굴이... 얼굴이... 괴물같이 못생겼다고...

동환은 몰입해서 이야기하는 아버지의 얼굴을 바라본다...

임영규   그 애기를 듣는 순간... 듣는 순간... 난 말야
             알아버렸어...

점프 컷으로 다음 씬으로 연결.

#62. 1970년대 공장 앞, 거리 / 오후

#62. 1970년대 공장 앞, 거리 / 오후

영희가 주먹밥을 나눠주고 나서 영규의 옆에서 영희에 대해 이야기하던

잡화상 주인과 옷감가게 주인의 비열하게 웃는 얼굴이 슬로우로 나온다.

임영규　　(나레이션) 그놈들이... 그놈들이 나를 놀려 먹을라고
했다는 걸...

영희와 영규의 결혼식 장면에 모인 사람들의 얼굴 표정들도 슬로우로 나온다.

모두 비웃음과 안쓰러움이 묻어있는 얼굴들...

임영규　　(나레이션) 어렸을 때부터 앞이 안 보인다고 당했던
모멸감이 지금까지도 이어지고 있다는 걸 말야...

#63. 현재. 임영규의 아파트 / 밤

#63. 현재. 임영규의 아파트 / 밤

현재의 영규는 약간 흥분한 채로 이야기를 계속하고 있다.

임영규　　(좀 고조된 목소리로....) 예쁜 게 뭐고 추한 게 뭔지
내가 모를 것 같지!! 나도 알아!! 예쁜 건 존경받고...
추한 건 멸시된다는 걸!!

동환은 마찬가지로 아버지를 노려보고 있지만

조금 숨이 가빠져가고 있다.

임영규 그... 백 사장이라는 놈과 영희가 시비가 붙었을 때?
왜 그년은 나를 곤란하게만 하는 거야!
내가 (약간 울먹이며...) 지금까지 그 멸시에서 벗어나기
위해 얼마나 노력했는데!!!

#64. 1970년대 공장 복도 앞 길 / 아침

영규는 아기를 안고 영희의 손에 이끌려 이른 아침 출근을 하고 있다.

그런 멍한 표정의 영규의 선글라스 안의 탈색된 눈의 클로즈업.

임영규 (나레이션) 그제서야 그전에는 안 보이던 것이 보이기
시작하는 거야...

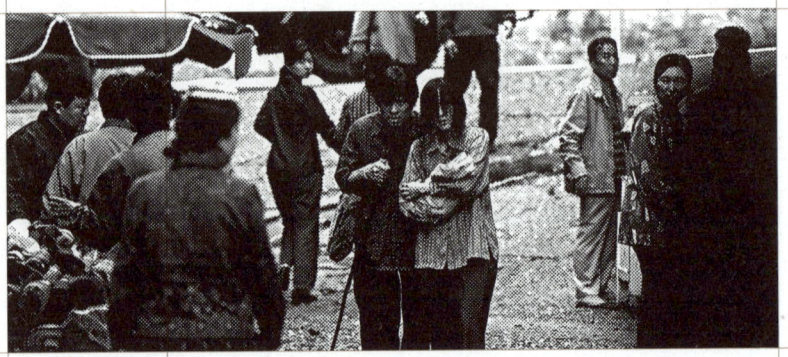

영희와 영규가 걸어가는 모습을 보면서 그걸 바라보는 사람들의 얼굴의 클로즈업.

사람들은 킬킬대기도 하고 고개를 돌리기도 하고 혀를 차기도 한다.

다시 영희의 손에 이끌려 걷고 있는 괴로워하는 영규의 얼굴.

임영규 (나레이션) 그년은... 아마도 그년은 나를 속이고...
나를 더욱 멸시하고 그러기 위해... 계획적으로
접근을 한 거야...

#65. 현재. 임영규의 아파트 / 밤

영규는 어느새 눈물을 흘리며 이야기하고 있다.

임영규 내가!! 그 모멸감에서 벗어나려고 어떻게 살았는지
알아? 큭... 크... 온갖 고통을 참아내면서...
살아왔는데... 내가 이년과 계속 같이 있는 한은...

#66. 1970년대 백주상 사장의 방 / 밤

백주상이 영규의 머리 위에 맥주를 붓고 있다.
영규는 눈을 꼭 감고 있다가 보이지도 않는 눈을 부릅뜬다.

임영규 (나레이션) 이 멸시가 계속될 거라는 걸 말야...

#67. 1970년대 정영희와 임영규의 집이 보이는 산길 / 밤
#67. 1970년대 정영희와 임영규의 집이 보이는 산길 / 밤

영희가 산길에서 사내들에게 구타를 당해 쓰러져 있고

그걸 두려움에 바라보는 영규의 얼굴. 기묘하게 겁에 질려 있다.

| 임영규 | (나레이션) 죽어... 제발 죽어줘... 제발 누가 이년을 죽여 줘... 아무리 기도해도 이 괴물 같은 년은 내 팔자에서 나갈 생각을 안 하는 거야... |

#68. 현재. 임영규의 아파트 / 밤
#68. 현재. 임영규의 아파트 / 밤

현재의 영규는 방금 전보다 조금 침착하게 이야기를 이어간다.

| 임영규 | 그렇다고 내가 죽일 수도 없다고 분명 생각했는데... |

#69. 1970년대 정영희와 임영규의 집 / 밤
#69. 1970년대 정영희와 임영규의 집 / 밤

갓난아기인 동환이 울고 있고 영규는 도장 파는 공구가 있는

책상 쪽에 앉아 영희에게 소리치고 있다.

| 임영규 | 또 사장한테 갔어!! 왜!! 왜 자꾸 일을 만드냐 말야!! |
| 정영희 | (울음 섞인 목소리로....) 내가 뭘요... 내가 뭘 잘못했다고 |

임영규　당신까지 그러냐 말이에요!!
제발!! 제발!! 가만히 있~어어 그냥 쥐 죽은 듯이...
그냥 살자고... 제발!

정영희　(영규의 일갈에 영희는 고개를 숙이고 진정성 있는
말투로 이야기한다...) 어렸을 때부터 사람들은
다 내 잘못이라고 했어요... 내 책임이다...
알아도 모른 척하고 살아야 한다... (영규를 바라보며...)
그래서 한동안은 그렇게 살았어요... 근데... 당신이...
당신이 나를 따뜻하게 대해주고... 그때부터 내 맘에
용기가 생겼다고요... 당신 덕분에...

#70. 현재. 임영규의 아파트 / 밤

#70. 현재. 임영규의 아파트 / 밤

임영규　그때 영희가 지 입으로 말해 버린 거야.

#71. 1970년대 정영희와 임영규의 집 / 밤

#71. 1970년대 정영희와 임영규의 집 / 밤

영규에게 오열하듯 이야기하는 영희의 뒷모습.

정영희　　　　당신은 날 못생기게 보지 않았으니까...

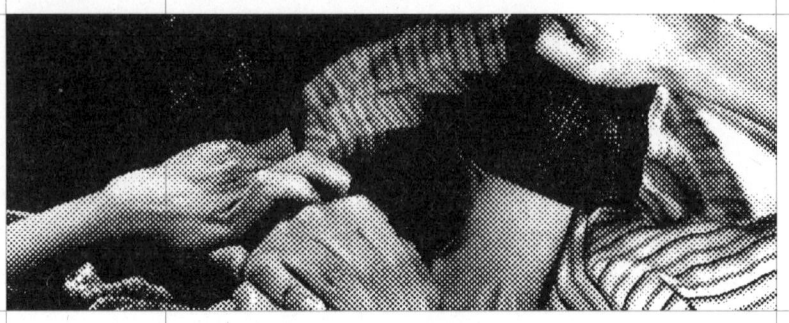

그 말에 영규는 불에 데인 듯 놀라 얼굴이 괴물처럼 일그러져

영희의 목을 조른다. 괴로워하는 영희...

임영규　　　　씨발... 양심이 있으면 그걸 니 입으로 얘기하면...

안 돼...

괴로워하는 영희의 입 클로즈업... 갓난아기인 동환은 더욱 크게 울고 있다.

영희의 입은 무언가... 무언가 이야기하려고 하지만 목이 졸려 나오지 않는다. 그러다

영희의 볼을 타고 흐르는 눈물. 그리고 영희는 자신의 목을 조르고 있는

영규의 손등을 손톱으로 깊게 긁어내린다. 그 고통을 느끼며 더욱 일그러지는 영규의

괴물 같은 얼굴. 영희는 영규의 손에 깊은 상처를 내고 그대로 손을

떨어뜨리고 죽는다. 영희가 죽자 영규는 그제서야 자신이 저지른 일을 깨닫고

불에 데인 것처럼 놀라 뒤로 나자빠진다.

영규는 한참을 숨을 헐떡이고 그 옆의 갓난아기는 더욱 크게 울고 있다.

영규는 한참을 있다가 정신이 드는지 쓰러져 있는 영희 쪽으로 다가가 영희를 흔든다...

반응이 없는 영희... 영규는 어찌할 바를 모르고 영희를 계속 흔들다가

주저주저 주변을 움직이다 물건에 부딪히기도 하고 쓰러지기도 하고
분주하게 움직이기 시작한다.

#72. 현재. 임영규의 아파트 / 밤

#72. 현재. 임영규의 아파트 / 밤

임영규

(약간 실성한 듯 흥분해서...) 아무도 모를 테니까...
아무도 관심이 없을 테니까... 나는 내 팔자에서
그 모멸감을 내 스스로 밀어낸 거야... 아무도
모르게 말이야...

#73. 1970년대 정영희와 임영규의 집 앞 / 밤

#73. 1970년대 정영희와 임영규의 집 앞 / 밤

영규가 영희의 시신을 들고 비틀비틀 나온다... 그리고 그 모습을 바로 옆에서
지켜보고 있는 백주상이 보낸 사내들... 영규를 지켜보고 있다.
영희의 시체를 들쳐멘 영규는 산길 절벽에 디디르고... 깅키에 사로잡힌 일굴도
영희의 시체를 산 밑으로 던진다.

#74. 현재. 임영규의 아파트 / 밤
#74. 현재. 임영규의 아파트 / 밤

영규는 이야기를 마치고 힘이 빠진 듯... 스믈스믈 자리에서 일어나서
동환에게 다가가려고 한다.

임영규 너는 번듯하게 살라고... 너한테까지 그 모멸감을
물려줄 순 없어서 그런 거야... 넌 이해하지? 응? 응?

동환은 한참을 증오에 찬 얼굴로 바라보고 있다.

임영규 동환아... 이해하지? 응?

동환의 동의를 어떻게든 구하려는 영규. 그때 동환이 입을 연다.

임동환 이해 못 해요.
임영규 (놀라면서...) 뭐?
임동환 절대 이해 못 해요...

영규의 놀라고 슬픈 얼굴이 천천히 구겨지기 시작한다.

임영규 넌 기생충 같은 놈이야.
임동환 (약간의 반응) ...
임영규 넌 내가 고생해서 이룬 걸 그냥 받아먹는
기생충이라고!!

괴물처럼 일그러진 영규의 얼굴을 한참 바라본다.

임동환　　　　난... 기생충이지만... (약간의 정적) 당신은 살인자야.

그 당연한 말에 전혀 모르고 있던 걸 깨달은 것처럼 놀라는 영규.

동환은 그 말을 남기고 돌아서 나간다.

임영규　　　　(돌아서 나가려는 동환을 잡으려는 듯이...) 아니야...
아니야... 공소시효도 이미 지났어... 난 살인자가
아니야...

갑자기 무너져 버린 사람처럼 동환에게 다가가려다 어딘가에 걸려

쓰러져 버리는 영규.

임영규　　　　다 내가 내 운명을 개척하다 생긴 일인 거야...
난 인생에 성공한 사람이야. 살아 있는 기적이야...
기적...

동환은 집 밖으로 나가버리고 영규는 자신의 작업실에서

쓰러져 혼잣말처럼 자기 인생의 온갖 변명을 중얼거리고 있다.

그리고 암전 이후의 자막 〈클로징 멘트〉

096

#75. 현재. 서울의 도심 / 낮

서울의 여기저기 서 있는 발전의 흔적들. 고층 빌딩. 그리고 그 근처의 커피숍. 젊은이들은 커피를 마시고 주변에는 물건들이 넘쳐난다. 거기에 섞여 보이는 노인들의 모습들... 그런 다양한 군상들의 얼굴이 스쳐 지나간다.

#76. 서울의 한 커피숍 / 낮

커피숍 안으로 들어오는 수진.
주변을 살피다가 구석에 앉아 있는 동환을 본다. 말없이 앞에 앉은 수진이
테이블 위에 동환이 올려놓은 카메라를 본다.

김수진   아버지를 존경하고 계셨죠? 괜찮겠어요?

임동환   (차가운 얼굴로 수진을 바라보며...) 불필요한 내용은
              지웠습니다.

김수진   (놀란다) !!!

임동환	(공허한 눈빛으로 수진을 바라보며...) 저희 아버지 다큐멘터리 잘 마무리해 주세요... 저희 아버지는... 그 어려운 시절을 이겨내고 성공한... 한국의 살아 있는 기적이니까요...

동환의 말에 뭐라 말해야 할지 말을 망설이는 수진. 어렵게 이야기를 꺼낸다.

김수진	(카메라를 잡으며) 닮았어요...
임동환	네?
김수진	아버지랑... 오늘은 더... 닮아 보이네요...

수진의 말에 동환은 수치심에 시선을 돌리며 어찌해야 할 바를 모른다.

김수진	(카메라를 접어넣으며) 어제... 백주상하고 얘기를 좀 더 나눴어요...

수진의 말에 수진을 바라보는 동환.

#77. 매춘안일 왔아 ..77
#77. 백주상의 쪽방 / 낮

사진이 흐트러져 난장판이 된 방에서 나가려고 짐을 챙기고 있는 수진.
구겨져 흐트러진 사진들을 주섬주섬 챙기는 백주상을 본다.

백주상	(사진을 소중하게 정리하며) 이게 다 내 작품들이야... 예술 작품이라고...

김수진 (냉정한 눈빛으로) 정영희 씨 사진은 없어요?

#78. 서울의 한 커피숍 / 낮

그 이야기에 떨리는 듯 수진을 바라보는 동환.

#79. 백주상의 쪽방 / 낮

백주상은 기괴한 웃음을 지으며 말을 한다.

백주상 있지... 회사에 들어오면 사원 신상증명서 사진을
내가 다 찍었는데...

#80. 과거. 백주상 사장의 방

#80. 과거. 백주상 사장의 방

백주상 사장 방의 한쪽 벽면에 몇 명의 여공들이 서 있다.
그 사이에 영희의 모습도 보인다. 여공들은 회사 메모지 한 장에 자신의 이름을 적고,
백주상은 한쪽 벽면을 배경으로 증명사진을 찍고 있다.

백주상   자! 이름 보이게 들고... 하나... 둘... 셋! 자! 다음...

그러자 영희가 자신의 이름을 쓴 쪽지 한 장을 들고 벽면에 선다.

백주상   (좀 어이없다는 듯 웃으며...) 야... 정영희!
증명사진을 찍는데 머리를 그렇게 다 풀어헤치고...
자... 얼굴 나오게 좀 묶어봐봐~

그러자 영희는 고무줄로 자신의 머리를 묶는다.

백주상   (영희를 보면서...) 자... 웃어~ 김치~~ 김치~~~

그리고 찰칵! 하고 사진을 찍는다. 번쩍 하고 플래시가 켜진다.

#80-1. 현재의 노인 백주상의 방

#80-1. 현재의 노인 백주상의 방

수진이 영희의 사진을 찾는 백주상의 손을 따라 시선을 옮기면
가까운 벽면에 붙어 있는 한 사진을 뜯는 백주상의 손. 영희의 사진이다.

#81. 서울의 한 커피숍 / 낮

수진은 동환 앞에 늙은 백주상에게 받은 한 장의 사진 봉투를 내민다.

김수진   어머님 사진이에요... 지금도 관심이 있는지
모르겠지만... (자리에서 일어난다...)

수진이 떠나고 동환은 테이블에 덩그러니 남은 사진 봉투를 바라본다.
그리고 떨리는 마음으로 그 사진 봉투를 꺼낸다. 그리고 사진을 바라보는 동환.
동환은 사진을 가만히 바라보다 실룩실룩 감정이 나타나기 시작한다.
관객은 아직 사진 속의 얼굴을 보지 못한 채 그 사진을 본 동환은 눈물을 뚝뚝
떨어뜨리며 울기 시작한다. 눈에서는 눈물이 흘러 떨어지는가 싶더니
동환은 사진을 든 채로 그 자리에서 오열을 한다.

사운드가 오프된 상태로 엉엉 우는 동환의 옆모습을 비추는 카메라.
카메라는 동환이 들고 있는 사진을 향해 천천히 이동하고 관객들은 이 영화가 시작된 후
처음으로 영희의 얼굴을 보게 된다. 영희의 얼굴 사진이 화면 전체를 채울 정도로
크게 잡힌다. 화면에는 관객 쪽을 바라보며 미소 짓고 있는 정영희라고 하는 여자의
얼굴이 보인다.

WOWPOINT

감독 연상호 / 프로듀서 조은혜

001	L	D	작업실 (전각 공방)	Set	Cut
	2018. 9. 8. 15:00	70대 노인 임영규가 전각을 밞는 모습이 르포 영상처럼 스케치 된다.	21+	40

C #0

암전 된 상태에서 들리는 임영규(70대)의 목소리.
임영규 그런 게 다 일종의 오해야... 앞 못 본다고
뭐가 아름다운지 모른다는 게...

C #1

(캠코더) 임영규 손 스케치 1

70대 노인 임영규가 전각을 밞는 모습이 르포 영상처럼
스케치 된다. 익숙한 손놀림으로 도장을 파고 있는
임영규의 손.

C #2

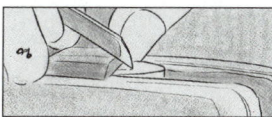
(캠코더) 임영규 손 스케치 2

손으로 도장의 모양을 느끼는 타이트한 영규 손
(다른 앵글)
임영규(V.O) 우리 같이 안 보이는 사람일수록...
더욱 더 눈 멀쩡한 사람들이
아름답게 생각하는 건 뭘까?
몇 배는 더 고민하게 된다고...

C #3

(캠코더) 임영규 B.S

그리고 그것을 느끼는 눈이 먼 임영규의 얼굴.
반투명한 선그라스를 쓴 임영규의 눈은 백내장이 퍼진
것처럼 하얗게 탈색된 것으로 보아 그는 앞이 보이지
않는 시각장애인이다.

C #4

F.S

임영규의 앞에는 단촐한 촬영팀이 임영규를 촬영하며
인터뷰를 하고 있다.

#1. 임영규 전각 공방 / 낮

WOWPOINT				감독 연상호 / 프로듀서 조은혜	
001	L	D	작업실 (전각 공방)	Set	Cut
	2018. 9. 8. 15:20		70대 노인 임영규가 전각을 뛰는 모습이 르포 영상처럼 스케치 된다.	21+	40

C #5

임영규 B.S

마이크를 달고 작업대 앞에서 인터뷰를 하는
임영규의 모습.

C #6

김수진 B.S

김수진   근데~ 아까부터 되게 신기하다고
생각했던 게... 손이 진짜 고우세요~
보통 이렇게... 손으로 조각을 하시니까...
굳은 살이나 이런거 있을 줄 알았는데...

C #7

임영규 손

임영규   난 항상 손 관리를 많이 해서 그래요...

C #8

임영규 B.S

임영규   저한테는 (손을 들어올리며) 이게 눈이나
마찬가지거든.

C #9

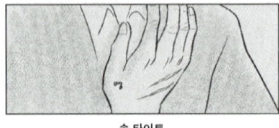

손 타이트

들어올린 임영규의 손등에 꽤 깊어 보이는 오래된 흉터
두 줄이 나 있다.

#1. 임영규 전각 공방 / 낮

WOWPOINT				감독 연상호 / 프로듀서 조은혜		
001	L	D	**작업실 (전각 공방)**		Set	Cut
	2018. 9. 8. 15:20		70대 노인 임영규가 전각을 깎는 모습이 르포 영상처럼 스케치 된다.		21+	40

C #10

김수진 B.S

김수진　(흉터를 보고는...) 그 흉터는...

C #11

임영규 B.S

임영규　(좀 당황하며) 이건 일 처음 배울 때...
　　　　하도 힘들게 배워서.

흉터 이야기가 나온 이후 임영규는 왠지 모르게 불편한
기색을 보인다.

C #12

김수진 B.S

김수진　네... 그런 고난들을 극복하시고 드라마
　　　　〈왕과 삶〉의 타이틀을 그렇게 멋지게
　　　　탄생시키신 거네요...

벽에 붙어있는 멋있는 글씨, 왕과 삶. 김피디는
시간을 좀 끌며 자신이 적어 온 질문의 메모지를
바라보며 말을 잇는다.

C #13

질문지 INS

김수진이 보는 질문 메모지

C #14

김수진 B.S

김수진　아... 그러면 이번엔 좀 다른 질문을
　　　　드려볼게요. 전각장인으로서의 임영규가
　　　　아닌 인간 임영규의 삶에 대해 궁금해
　　　　하시는 분들이 많아요. 선생님은
　　　　사람들에게 자신이 가진 핸디캡을 딛고
　　　　일어선 예술가로 알려져 있는데요.

#1. 임영규 전각 공방 / 낮

WOWPOINT				감독 연상호 / 프로듀서 조은혜	
001	L	D	작업실 (전각 공방)	Set	Cut
	2018. 9. 8. 15:20		70대 노인 임영규가 전각을 깎는 모습이 르포 영상처럼 스케치 된다.	21+	40

C #15

임영규 B.S

C #16

김수진 B.S

김수진　한 사람으로서도... 현재 청풍전각의
　　　　대표님인 아드님을 혼자 키우셨잖아요.

C #17

김수진 걸고 임동환 M.S

김수진 피디가 이야기를 하며 옆을 바라보자 촬영팀
뒤편에 그것을 지켜보고 있는 임영규의 아들
임동환(40대)의 모습이 보인다.

C #18

김수진 B.S

김수진　남자 혼자 애를 키운다는 거...
　　　　그것도 앞이 보이지 않는 남자가 아이를
　　　　키운다는 것이 보통 일이 아니었을 것
　　　　같은데요... 어떠셨어요?

C #19

임영규 B.S

임영규　으음... (아까 손 흉터 이야기 후 무언가
　　　　불편해진 듯) 애야 놔두면 저절로 크는
　　　　건데... 내가 뭘 했다고...

#1. 임영규 전각 공방 / 낮

1009

WOWPOINT				감독 연상호 / 프로듀서 조은혜		
001	L	D	작업실 (전각 공방)		Set	Cut
	2018. 9. 8. 15:20		70대 노인 임영규가 전각을 깎는 모습이 르포 영상처럼 스케치 된다.		21+	40

C #20

김수진 B.S

김수진   (약간 집요하게...) 그래도 시청자들이 선생님의 인간적인 고뇌를 듣고 싶어할 수 있거든요...

C #21

임영규 B.S

임영규   ...(한참을 말없이 있다가... 이 상황이 편치 않은 듯...) 피디 아가씨... 좀 쉬었다 합시다. 늙으면 한자리에서 이야기를 오래 하기가 여간 고역이 아니네...

C #22

F.S

C #23

김수진 B.S

김수진   (놀라면서...) 아... 죄송해요... 힘드셨을텐데... 죄송해요. 잠깐 끊어서 가죠. 좀 쉽시다~

C #24

임영규 B.S

촬영감독과 보조연출도 힘들었다는 듯이 숨을 내쉬며 허리를 펴고 보조작가는 재빨리 임영규에게 다가가 임영규가 달고 있던 마이크를 뗀다.

#1. 임영규 전각 공방 / 낮

WOWPOINT

감독 연상호 / 프로듀서 조은혜

001	L	D	작업실 (전각 공방)	Set	Cut
	2018. 9. 8. 15:20		70대 노인 임영규가 전각을 깎는 모습이 르포 영상처럼 스케치 된다.	21+	40

C #25

F.S (임동환 Frame in)

임영규는 자리에서 일어나 지팡이를 집고 입구 쪽으로 걸어간다.

C #26

임영규 Frame out, 임동환 Frame in

전각 공방의 입구에 나가 담배를 꺼내 무는 임영규. 그리고 그 모습을 보는 임동환.

C #27

임동환 POV

임동환의 POV로 복도에서 담배를 피는 임영규의 모습.

C #28

임동환+김수진 Track in

그런 임동환의 뒤편으로 김수진 피디가 벽에 붙어있는 임영규를 다룬 신문기사의 스크랩 액자를 바라본다.

김수진   (동환에게...) 동환 씨 진짜 대단한 아버님을 두셨어요~

#1. 임영규 전각 공방 / 낮

WOWPOINT				감독 연상호 / 프로듀서 조은혜		
001	L	D	**작업실 (전각 공방)**		Set	Cut
	2018. 9. 8. 15:30		70대 노인 임영규가 전각을 뛰는 모습이 르포 영상처럼 스케치 된다.		21+	40

C #29

임동환 Follow → 김수진 OS 임동환

동환은 김수진 옆에 선다.

임동환   그죠... 저한테는 분에 넘치는 아버지죠...

C #30

임동환 OS 김수진

김수진   (벽에 있는 기사를 보면서...) 이거 봐봐...
임영규는 기적이 실재한다는 증거이다.
타이틀 죽이네... (그러다 뭔가를 발견한다)
어? 뭐야 이건...

C #31

도장가게 사진 INS

김수진이 본 것은 액자 속 낡은 사진 한 장이다.
사진 속에는 젊은 시절의 임영규가 조그마한 도장가게에
앉아 있다.

C #32

김수진 OS 임동환

임동환   아... 이거 아버지가 처음 낸 도장가게에요...
저 태어나기도 전일 거에요...

#1. 임영규 전각 공방 / 낮

WOWPOINT				감독 연상호 / 프로듀서 조은혜	
001	L	D	작업실 (전각 공방)	Set	Cut
	2018. 9. 8. 15:30		70대 노인 임영규가 전각을 깎는 모습을 르포 영상처럼 스케치 된다.	21+	40

C #33

임동환 OS 김수진

김수진   (사진을 보며 동환을 바라본다...)
동환 씨랑 완전 똑같은데요?

C #34

김수진 OS 임동환

임동환   그죠~ 저도 이 사진 보고 깜짝 놀랐어요...
아버지가 아무래도 앞이 보이질 않으니까
사진이 거의 없으신데 이 사진 한 장 가지고
계시더라고요... 그래서 아버지한테 저랑
아버지랑 진짜 닮았다고 얘기드렸거든요?

C #35

임동환 OS 김수진

김수진   그랬더니 뭐라세요? 좋아하시던가요?

C #36

김수진 OS 임동환

임동환   아니... 뭐랄까... 한참 뭔가를
생각하시더라고요... 아마도 닮았다 라는
의미에 대해 생각해보신 거 아닐까요?
태어날 때부터 앞을 못 보셨으니까...
닮았다라는 느낌이 어떤 느낌인지에 대해
생각해보신 거 아닐까요?

C #37

임동환 OS 김수진

김수진   아... 그럴 수 있겠네요... 그렇게는 생각을
못해봤네... 본인 얼굴도 본적이 없으니...

#1. 임영규 전각 공방 / 낮

WOWPOINT

감독 연상호 / 프로듀서 조은혜

001	L	D	작업실 (전각 공방)	Set	Cut
	2018. 9. 8. 15:30		70대 노인 임영규가 전각을 찍는 모습이 르포 영상처럼 스케치 된다.	21+	40

C #38

담배를 다 피고 공방 안쪽으로 들어오는 임영규.

임동환+김수진 Two shot, 임영규 Frame in

C #39

그 모습을 보고 다시 촬영 준비를 하는 촬영 팀.

F.S

C #40

김수진   자! 다시 시작해 봅시다.
(촬영 감독에게 나직한 목소리로...)
아까 우리 선생님 손 클로즈 업 좀 따로
따주세요~

임동환+김수진→ 김수진 Frame out → Track in 임동환 뒷모습

김수진 피디가 촬영팀에게 다가가 이야기를 하러
간 동안, 임동환은 아버지의 기사가 스크랩 된 벽을
바라본다.

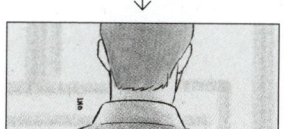

#1. 임영규 전각 공방 / 낮

감독 연상호 / 프로듀서 조은혜

001	L	D	작업실 (전각 공방)	Set	Cut
	2018. 9. 8. 15:30		70대 노인 임영규가 전각을 깎는 모습이 르포 영상처럼 스케치 된다.	21+	40

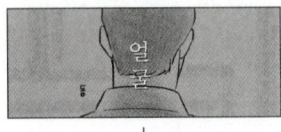

임동환 뒷모습에서 떠오르는 〈얼굴〉 타이틀.

암전이 되고 〈얼굴〉 타이틀만 떠 있다.

타이틀

#1. 임영규 전각 공방 / 낮

WOWPOINT				감독 연상호 / 프로듀서 조은혜	
012	L	D	(과거) 청풍피복 광장 - 공장 복도	Set	Cut
		1975. 5.	옷감을 들고 바쁘게 걸어가는 정영희.	2	2

C #1

L.S

복도를 걷는 영희.

C #2

Follow

정영희 Back follow

십자 공장 복도에서 좌측으로 꺾는 영희.

#12. 1970년대 중반 서울의 어떤 상가 안 / 낮

WOWPOINT

감독 연상호 / 프로듀서 조은혜

012	S	D	(과거) 청풍피복 작업장	Set	Cut
	1975. 5.		영희는 인사를 꾸벅 하고는 배를 움켜쥐고 뛰어 나간다.	4	4

C #1

청풍피복 간판이 달린 작업장 입구 안으로
들어가는 영희.

정영희 Back follow

C #2

미싱 작업이 한창인 상황. 영희는 옷감을 지고
움직인다. 카메라는 영희를 따라 움직이고, 진숙도
미싱 작업중이다.

정영희 Track follow → 재단사까지 보인다

할아버지1 그때야 워낙에 정신없었어~
(내레이션) 말 그대로 호황이라... 말이야.
하루 하루 정신없이 일하느라 바빴다고...
말 그대로 나라가 일어서고 있었다고...

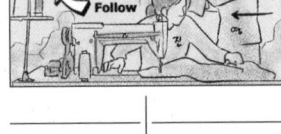

C #3

재단사 영희야 빨리 옷감 더 가져와!!
정영희 (얼굴이 보이지 않는 앵글에서 정신없이
일하고 있다) 네~

재단사 M.S

12C. 작업장

#12. 1970년대 중반 서울의 어떤 상가 안 / 낮

012	S	D	(과거) 청풍피복 작업장	Set	Cut
	1975. 5.		영희는 인사를 꾸벅 하고는 배를 움켜쥐고 뛰어 나간다.	4	4

C #4

정영희 B.S Follow → 정영희 걸고 재단사 → 정영희 Frame out

재단사2　영희!! 이 선반 빨리 치워놓으라니까!!
정영희　(무엇부터 해야 할지 모르겠다) 네...

정영희　재단사님 저기 죄송한데요... 화장실이 너무 급해요.
재단사　뭐? 지금 이렇게 바쁜데 무슨 화장실이야~
정영희　죄송해요 너무 너무 급해요.

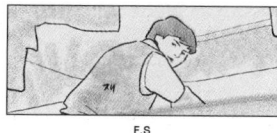

F.S

재단사　으이구 저 화상... 1분 안에 갔다와!!
정영희　감사합니다!!
영희는 인사를 꾸벅 하고는 배를 움켜쥐고 뛰어 나간다.
재단사는 짜증난다는 듯이 영희가 나간 쪽을 흘겨보고는
쯧쯧쯧 혀를 찬다.

#12. 1970년대 중반 서울의 어떤 상가 안 / 낮

WOWPOINT				감독 연상호 / 프로듀서 조은혜	
013	L	D	(과거) 청풍피복 공장 복도 - 화장실 앞	Set	Cut
	1975. 5.		하나밖에 없는 화장실에는 줄이 엄청나게 길게 늘어서 있다.	3	4

C #1

정영희 Back follow → 정영희 OS 화장실 앞

배를 움켜쥐고 뛰고 있는 영희의 뒷모습. 하나밖에 없는 화장실에는 줄이 엄청나게 길게 늘어서 있다.

C #2

화장실 앞 사람들

줄은 줄어들 기미가 보이지 않는다.

C #3

정영희 Follow → 시계

다급한 영희는 복도에 걸린 시계를 한 번 본다.

#13. 1970년대 중반 서울의 어떤 상가의 복도 / 낮

013	L	D	(과거) 청풍피복 공장 복도 – 화장실 앞	Set	Cut
	1975. 5.		하나밖에 없는 화장실에는 줄이 엄청나게 길게 늘어서 있다.	3	4

C #4

시계 INS

정영희 POV 시계

#13. 1970년대 중반 서울의 어떤 상가의 복도 / 낮

①②⓪

WOWPOINT				감독 연상호 / 프로듀서 조은혜	
015	**S**	**D**	(과거) 청풍피복 작업장	Set	Cut
		1975. 5.	멍하니 서 있는 영희의 뒷모습을 경악하며 바라보는 청풍피복의 사람들	3	3

C #1

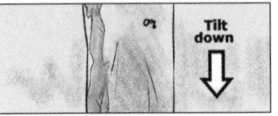

Tilt down 정영희 바지

영희의 바지 밑단으로 새어 나오는 붉은 똥...

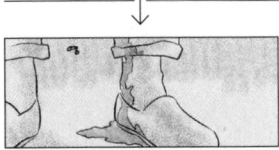

C #2

사람들 Track out → 정영희 뒷모습

멍하니 서 있는 영희의 뒷모습을 경악하며 바라보는 청풍피복의 사람들.

C #3

정영희 Low angle

부들부들 떠는 영희의 손.

#15. 과거. 청풍피복 / 낮

046	L	**N**	(과거) 임영규 집 앞	Set	Cut
	1977. 9. 25. 20:30		초가집으로 몽둥이를 들고 다가오는 백주상의 사내들	1	1

C #1

몽둥이를 들고 다가오는 백주상의 사내들...
두목이 갑자기 사내들을 손짓으로 잠시 멈추라고 한다.

산 입구 F.S → M.S

#46. 1970년대 정영희와 임영규의 집이 보이는 산길 / 밤

WOWPOINT

감독 연상호 / 프로듀서 조은혜

048	L	N	(과거) 임영규 집 앞 - 산길 절벽	Set	Cut
	1977. 9. 25. 21:00		초가집에서 임영규가 영희의 시체를 들쳐메고 나온다.	7	7

C #1

임영규 F.S Follow → 사내들 걸고 임영규 F.S

초가집에서 임영규가 영희의 시체를 들쳐메고 나온다.

백주상   **그거 참... 이상하지? 죽이라고 까지 하진**
(내레이션)   **않았는데...**

그 모습을 조용히 숨을 죽인채 바라보고 있는 사내들...
임영규는 사내들의 인기척을 잠시 느낀 듯 돌아보다가
사내들이 소리도 내지 않고 있자 다시 영희의 시체를
들쳐메고 걷고 있다.

C #2

김수진 B.S

임영규를 따르는 사내들...

48A. 임영규 집 앞

#48. 1970년대 정영희와 임영규의 집이 보이는 산길 / 밤

WOWPOINT

감독 연상호 / 프로듀서 조은혜

048	L	**N**	(과거) 임영규 집 앞 - 산길 절벽	Set	Cut
	1977. 9. 25. 21:00		초가집에서 임영규가 영희의 시체를 둘쳐메고 나온다.	7	7

C #3

영희를 둘쳐메고 산길을 걷는 영규. 영규를 따라가는 사내들. 걸음을 멈춘다.

C #4

백주상
(내레이션)

그 장님 놈 어지간히 돈 벌고 싶었나봐. 지 같은 놈이랑 결혼해서 자식까지 낳은 마누라를 나한테 잘보이려고 죽이기 까지 했으니까... 키키키키.

영희를 절벽 밑으로 던진 영규, 어찌할 바를 모르고 거기서 실성한 사람처럼 있다가 자릴 뜬다.

두목은 고개를 돌려, 영규의 모습을 본다. 그러다, 절벽 쪽으로 움직인다.

#48. 1970년대 정영희와 임영규의 집이 보이는 산길 / 밤

WOWPOINT

감독 연상호 / 프로듀서 조은혜

048	L	**N**	(과거) 청풍피복 작업장	Set	Cut
	1977. 9. 25. 21:00		초가집에서 임영규가 영희의 시체를 들쳐메고 나온다.	7	7

C #5

절벽 밑을 보는 두목과 사내들.

C #6

백주상
(내레이션)

그놈이 시체도 제대로 처리를 못해서 우리
애들이 그 시체를 다시 가져다가 산속 깊은
곳에 묻어주고 장례까지 치러줬으니까...
나무에 걸려 있는 영희의 시체.

C #7

두목이 사내들을 시켜, 영희의 시체를 가져오라고
시킨다. 사내들은 영희가 굴러 떨어진 쪽으로 내려간다.

#48. 1970년대 정영희와 임영규의 집이 보이는 산길 / 밤

WOWPOINT

감독 연상호 / 프로듀서 조은혜

052	L	D	(과거) 청풍피복 광장 - 도장가게 앞	Set	Cut
	1975. 5.		임영규의 작은 도장가게가 생기고, 임영규의 사진을 찍어 주는 백주상 사장.	4	4

C #1

F.S

공장의 복도 한켠에 조그마한 도장가게가 생긴다.
그리고 그 앞에 어색하게 서는 젊은 임영규.
임영규 전각 공방에 걸린 그 사진이다.

C #2

임영규 OS 백주상

백주상　에이... 좀 웃어보라니까~

C #3

F.S

임영규
(내레이션)
그 지옥같은 도제생활을 끝내고 먹을 것도
아껴가며 모은 돈으로 내 도장가게를
차리던 때에 난 지금까지 고생했던 거에
10배는 더 고생할 각오가 되어 있었어.

C #4

임영규 백주상 망원 투샷

백주상　아이구 앞도 못보는데... 용하네... 진짜~
난 너같은 놈을 보면 진짜 존경스러워~
대단해~

임영규　(백주상에게 꾸벅 인사하며...) 사장님
감사합니다. 열심히 할께요...

C #5

Track
in

out

백주상 OS 임영규, 백주상 Frame out

백주상　개업 선물로 내가 이 사진 뽑아다가
액자해서 줄게~ 앞으로 잘 돼도 제일 잘
보이는 데 걸어놔.

미소짓는 임영규의 얼굴.

#52. 1970년대 공장 앞 광장 / 오후

WOWPOINT

감독 연상호 / 프로듀서 조은혜

053	L	D	(과거) 청풍피복 광장 - 도장가게 앞	Set	Cut
		1975. 5.	아무도 찾지 않는 임영규의 도장가게에 영희가 찾아온다. 영희와 영규의 첫 만남.	7	11

C #1

옷갈 진 사람 Follow → 임영규 L.S

멍하니 앉아 있는 임영규 앞으로 수많은 사람들이 지나간다.

임영규
(내레이션)

호기롭게 시작했지만 장님이 파는 도장에 관심도 없더라고...

C #2

정영희 걸고 임영규 B.S

정영희   글씨가 예뻐요...
영규는 고개를 약간 튼다.

C #3

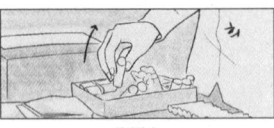

정영희 손

임영규의 도장가게 앞에 진열되어 있는 도장들을 집어서 바라보고 있는 영희의 손.

C #4

정영희 걸고 임영규 B.S

임영규   예쁘죠... 도장 하나 파실래요?

53A. 도장가게 앞

53B. 도장가게 앞

145 / 190

#53. 1970년대 공장 앞 광장 / 오후

WOWPOINT

감독 연상호 / 프로듀서 조은혜

053	L	D	(과거) 청풍피복 광장 - 도장가게 앞	Set	Cut
	1975. 5.		아무도 찾지 않는 임영규의 도장가게에 영희가 찾아온다. 영희와 영규의 첫 만남.	7	11

C #5

정영희 손

정영희   파고 싶어요. 근데 저는 도장 파도 아직
어디 쓸 일도 없을 것 같아요. 나중에...
나중에 꼭 파고 싶어요...

C #6

정영희 걸고 임영규 B.S

임영규   (미소를 지으며...) 네... 여기 가게 차리고
처음 물어보신 분이니까... 제가 공짜로
파드릴께요...
정영희   아... 정말이요?

C #7

도장가게 M.S

임영규   이름 한 번 말씀해 보세요.
정영희   영희요... 정영희...
임영규   잠시만요...

C #8

도장작업 중인 임영규 손

임영규는 막도장 하나를 꺼내 정성스레 정영희의
이름의 도장을 만들기 시작한다.

C #9

임영규 걸고 정영희 M.S

작업 중인 영규를 기다리고 있는 영희.

#53. 1970년대 공장 앞 광장 / 오후

WOWPOINT				감독 연상호 / 프로듀서 조은혜	
053	L	D	(과거) 청풍피복 광장 - 도장가게 앞	Set	Cut
	1975. 5.		아무도 찾지 않는 임영규의 도장가게에 영희가 찾아온다. 영희와 영규의 첫 만남.	7	11

C #10

도장 INS

정영희의 이름을 종이 위에 꾸욱 눌러 찍어주는 임영규.

C #11

Track in 임영규

그 종이를 들여다보는 정영희.

147 / 190

#53. 1970년대 공장 앞 광장 / 오후

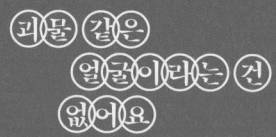

괴물 같은
얼굴이라는 건
없어요

연상호 x 박정민 대담

진행 및 정리: 김혜선

영화 저널리스트, 웹매거진 <한국영화> 편집장

시대의 편견과 야만이 사람을 괴롭힌다. 갈라놓는다. 살해한다.
어떻게 그럴 수 있을까 하는 일이 벌어진다. 조롱받는다. 묻힌다.
연상호 감독의 <얼굴>은 그런 시대의 과거와 현재를 똑똑히 바라본다.
이미 다 알고 있으면서 모른 체 살아온 태연한 얼굴들에게 묻는다.
무엇을 보고 있는가. 이대로 괜찮은가. 그 질문의 강력한 힘이 2025년
가을 한국영화의 한 축을 흔들었다. 독립 애니메이션으로 시작해
상업영화 블록버스터, OTT 시리즈를 섭렵한 연상호 감독이 우리에게
던진 새로운 한 수, 야심 찬 영화로의 회귀다.

애초에 영화로 만들기 위해 시나리오를 썼다가 그래픽 노블로
완성한 <얼굴>의 이야기가 다시 영화가 되기까지, 많은 이들의 도움이
있었다. <그것이 알고 싶다>의 에피소드 '찹쌀공주와 두 자매 –
여수 모텔 살인사건'을 보다가 <얼굴>의 영화화를 결심한 남편에게
예산을 허락해준 아내. 박정민, 권해효, 신현빈 등 연상호 감독과
이미 여러 차례 호흡을 맞췄던 동지 같은 배우들. 13회차 촬영에
2억의 예산을 20억처럼 활용해 프로덕션을 꾸려준 스태프들. 덕분에
100만 명이 넘는 관객이 <얼굴>을 보고 자신의 지나온 얼굴과
태도를 되새겼다. <얼굴>의 개봉 이후 더욱 견고히 링크되어 서로의
희비를 주고받고 있다는 연상호 감독과 주연 배우 박정민 콤비는
이 영화가 각본 상태일 때부터 이미 많은 이야기를 나눠온 사이다.
누구보다 서로를 이해하는 모습으로 <얼굴>의 속 깊은 이야기를
들려줬다. 집으로 돌아가 거울 속 우리의 얼굴을 다시 볼 수 있도록.

영화 <얼굴>의 시도와 결과에 대한 반응이 뜨거웠습니다.
<사이비>의 프리 프로덕션을 할 즈음부터 감독님의 머릿속에
떠오른 이야기가 오랜 시간이 지나서 영화화됐죠. 어쩌면 '이야기의
운명'이라는 게 있다고 할 수 있을까요?

연상호　　있다고 생각해요. 예전에 제가 10분짜리 단편 애니메이션
　　　　　<지옥>을 만들어서 여러 영화제에 출품했는데, 다 떨어졌
　　　　　어요. '내가 정말 잘못 만들었구나. 나는 재능이 없구나. 그
　　　　　냥 기술자로 살아야겠다'라고 생각하면서 그냥 애니메이
　　　　　션 회사를 다녔죠. 어느 날 술 먹고 집에 들어와서 <지옥>
　　　　　을 다시 보니까 제법 괜찮은 거예요. 그래서 '웃긴대학'이
　　　　　라는 인터넷 커뮤니티에 올렸는데, 그게 크게 화제가 됐고
　　　　　영화제에도 초청받기 시작했죠. 그런 경험이 있어서인지
　　　　　이야기가 때를 만난다는 것은 알고 있었어요. <얼굴>도 어
　　　　　떻게 보면 이제야 때를 만난 거죠.

박정민　　저도 비슷하게 느껴요. 사실 배우는 작품의 탄생 과정을
　　　　　속속들이 다 알지는 못해서 '이야기의 운명'이 있다는 것
　　　　　까지는 모르겠지만, <얼굴>의 이야기는 우리가 진작에 했
　　　　　어야 하는 이야기였던 것 같다는 생각은 들었죠. 이 영화
　　　　　를 처음 만들 때부터요.

두 분은 2018년 만화 『얼굴』이 나왔을 때 이미 영화화에 대한 대화를
나누었다고 들었습니다. 그때는 서로 어떤 상황이셨습니까?

박정민　　아, 안 좋았어요. <염력>이 개봉해서 무대 인사 다닐 때였
　　　　　는데, 연상호 감독님은 바닥에 앉아 계셨어요. (영화 개봉 성
　　　　　적이 좋지 않아서) 본인은 의자에 앉을 자격도 없다고요. (웃음)
　　　　　마침 그때 만화 『얼굴』이 나와서 배우들에게 한 권씩 주셨
　　　　　어요. <염력>에서 함께 나온 심은경 배우는 그 책의 추천

사도 썼죠. 감독님이 『얼굴』과 애니메이션 〈지옥〉 등을 영화화, 드라마화 하고 싶다고 하셨어요. 저는 그때 작품이 고픈 시기였어요. 감독님에게 작품 좀 시켜달라고 하는데 자꾸 딴소리를 하시는 거예요. 누구와 무슨 작품을 어떻게 할 계획이라면서. 나도 시켜달라고 하니까 가만히 좀 있어 보래요. (웃음) 그때 제가 〈지옥〉과 『얼굴』을 정말 해보고 싶다고 얘기했거든요. 어쨌든 둘 다 시켜주셨네요. 그때 얘기 나눈 것을 기억하신 것 같지는 않지만.

연상호　　　시키면 할 것 같았거든요. 할 만한 사람이 박정민 배우밖에 없었어요. (웃음)

연상호 감독님이 "박정민은 작품이 나아가야 할 방향을 감독 이상으로 잘 읽는다. 어떤 점이 더 부각되어야 작품의 원래 의도와 가까워지겠다는 걸 빨리 파악한다"고 하셨죠. 실제로 박정민 배우는 〈얼굴〉의 원작과 영화의 각본을 다 본 입장에서, 어떤 부분들이 중요하다고 파악하셨나요?

박정민　　　사실 감독님 작품들을 보면 무척 사랑스러워요. 어떤 기호들을 차용해서 본인이 하고 싶은 이야기를 이렇게 저렇게 숨겨 놔요. 아는 사람은 알 거라는 믿음이 있으신 것 같아요. 감독님 작품에는 거의 매번 그런 것들이 있어요. 저는 그런 지점들이 굉장히 좋아요. 제가 출연하지 않은 작품도요. 그런 의미에서 〈얼굴〉은 저에게 가장 어려운 영화였어요. 아름다움과 추함에 관한 이야기인 것 같은데, 과연 그게 전부일까 싶은 거죠. 촬영 시작 전에 감독님이 이 영화를 통해서 하고 싶은 이야기가 어떤 것인지 말씀해 주셨어요. 물론 그조차 이 영화가 전하려는 것의 일부분이겠지만. 그 이야기를 듣고 표면적인 것에도 집중하지만 이 영화

에 담겨진 모든 은유, 장치들에 대해서 조금 더 깊이 생각해보자는 마음이 들었죠.

연상호   어떤 신은 이런 식으로 가면 더 재미있겠다는 대화를 많이 나눴어요. 정영희의 시신이 발견된 이후 장례식장 신도 그렇고, 1인 2역을 제안한 것도 그랬죠. 박정민 배우가 직접 나오는 신은 물론이고, 그렇지 않은 신이더라도 이런 부분이 부각됐으면 좋겠다는 얘기를 서로 나눴던 것 같아요. 박정민 배우의 의견들은 대부분 참 좋은 의견이었어요. 배우로서 의문이 드는 지점도 있었을 텐데, 그런 건 또 그다지 얘기하지 않아요. 그래도 연기하는 모습을 보면 보일 때가 있어요. 스스로의 의문을 저런 식으로 해결했구나 싶죠. 예를 들면 임영규가 정영희의 시신을 벼랑 밑으로 버리고 나서 돌아서다가 넘어지는 장면이 있어요. 임영규가 패닉 상태임을 강조해서 주변에 괴한들이 다가오는데도 듣지 못하는 상황을 설명해주죠. 박정민 배우가 굳이 어떻게 연기하겠다고 얘기한 건 아닌데, '저렇게 해결하려고 했구나' 하고 제가 느끼는 거죠. 그런 순간들이 많았어요.

극 중에서 아내의 시신을 둘러메고 나와서 아무도 보지 않는다고 생각하며 걸어가는 임영규와, 그 모습을 빤히 바라보던 남자들의 광경은 확실히 만화보다 영화에서 더 충격적이었습니다.

박정민   감독님이 말씀하신 연장선상에서 말씀드리면, 임영규는 눈이 보이지 않는 사람이니 청각이 굉장히 예민하죠. 아내의 시체를 던질 때는 아무 소리도 들리지 않는데 이후에 누군가 있는 것을 느끼고 "누구세요?" 하잖아요. 남자들 다섯 명이 숨어 있지도 않은데 왜 모르냐 할 수 있지만 사람들은 보통 나에게 집중하기 시작하면 주변에 대한 감각이 닫히죠. 제가 막 중얼중얼거리고 "아무도 못 봤어, 아무도 못 봤어" 하면서 혼자 넘어지고 스스로를 때렸던 건 임영규가 주변을 인지하지 못해도 이상하지 않다고 느끼게 하고 싶어서 한 연기였어요.

연상호 결국 이 얘기의 핵심은 임영규가 아내를 살해했다는 사실이 밝혀지는 과정이 그리 어렵지 않다는 거예요. 몇 명에게 물어보면 답이 나오니까요. 임영규의 살인은 이미 다 아는 얘기인데, 세상의 관심이 없기 때문에 묻혀져 있던 이야기라는 거죠.

얘기가 나왔지만, 박정민 배우의 1인 2역은 〈얼굴〉 개봉 이후 특히 많은 이들이 주목한 부분이죠. 매우 '닮았다'고 묘사되는 아버지 임영규의 젊은 시절과 아들 임동환을 1인 2역으로 하는 것에 대해서 두 분의 생각이 일치하셨다고 알고 있습니다. 이 아이디어가 영화에 어떤 효과를 더해줄 수 있겠다고 생각하셨습니까?

연상호 일단 박정민 배우에게 항상 미안한 마음을 갖고 있어요. 훌륭한 배우이고 굉장히 개성이 강한 캐릭터를 잘 소화해내는 배우인데, 저는 그동안 개성이 그리 돋보이지 않는 역할을 많이 맡겼거든요. 〈염력〉의 김정현 변호사라든가. 심지어는 김정현 변호사는 극 중에서 원래 나름의 역할이 있었는데, 편집 과정에서 그게 아예 빠져버렸어요. (웃음) 결국 심은경 배우가 연기한 루미와 썸 타는 역할이 됐죠. 굳이 이 대배우를 모셔놓고, 그런 캐릭터를 하게 한 미안함이 있었어요. 이후에 맡긴 〈지옥〉의 배영재 PD도 물론 중요한 역할인데, 새진리회 정진수 역할에 비하면 개성이 부족하죠. 평범한 일반인이니까요. 〈지옥〉을 찍을 때 박정민 배우에게 다음에는 정말 좋은 역할을 주겠다고 했어요.

그래놓고 〈얼굴〉에서 임동환 역할을 줬더니 충격을 받은 거예요. (웃음)

박정민　또 이래! 또 관찰자! (일동 폭소)

연상호　임동환이 방송국 PD를 따라다니면서 어머니에 대한 모욕적인 얘기만 듣는 역할이니까 너무 미안한 거예요. 그런데 미안하지만, 시키면 할 것 같았어요. (웃음)

박정민　임동환 역을 하겠다고 전화를 끊고 나서 생각해 보니까 이거 또 불길한데? 바로 집에 있던 만화를 찾아서 봤어요. 아니나 다를까 또! (웃음) 그런데 만화를 다시 읽다 보니 어? 젊은 아버지가 꽤 임팩트가 있어 보이는 거예요. 이 역할도 같이 하면 좋지 않을까, 하는 생각이 들었는데 한편으로는 너무 건방진 제안 같아서 제가 감독님께 일단 문자를 보냈어요. 젊은 임영규가 캐스팅이 됐냐고요. 그때 감독님이 1인 2역도 고민해봤다는 식으로 말씀하셨어요.

연상호　저는 알죠. 박정민 배우가 젊은 아버지 역할을 탐내는 게 뻔한 걸. (웃음) 그런데 이미 내가 너무 미안하고, 분명히 다음엔 좋은 역할을 주겠다고 했으니, "1인 2역도 생각해봤다. 할래?" 한 거죠.

박정민　그러니까 제가 1인 2역을 제안한 건 이 작품을 깊이 고민해서 그런 게 아니라 개인적인 야욕 때문이었어요. (웃음) 그런데 말해놓고 보니까 사실 꽤 괜찮은 선택이었던 것 같아요. 두 인물, 젊은 임영규와 아들 임동환은 그중 한 인물을 빼면 설명이 되지 않는 것 같기도 하고요. 특히 영화를 찍으면서 1인 2역이라는 선택이 좋았다고 생각했던 순간이 엔딩의 역광 장면에서 임동환이 엄마 사진을 보고 울 때였어요. 제가 그 연기를 하고 보니, 울고 있는 임동환의 모습에 젊은 시절의 아버지 임영규가 겹치는 듯한 느낌을 받았

연상호	거든요. 1인 2역이라는 게 이런 묘함이 있구나 싶었어요. 저도 바로 1인 2역을 하면 좋겠다고 얘기하긴 했는데, 찰나의 순간 '이게 맞나?'라는 생각도 했어요. 왜냐하면 원작에서는 임동환이 엄마 정영희와 닮았다는 설정이 나오거든요. 만화 『얼굴』의 스토리에서 엄마와 아들이 닮았다는 것이 엄마의 생김새를 추적했던 아들 입장에서는 굉장히 크게 다가오는 부분이었어요. 그런데 임동환이 아버지의 젊은 시절과 똑같이 생겼다고 하려면 원작 설정을 완전히 뒤집는 거죠. 잠깐 생각해 보니 여러 가지 면에서 아버지와의 1인 2역을 하는 게 맞겠더라고요. 이후에 구성을 조금씩 맞춰가다 보니, 오히려 이게 훨씬 맞다는 생각이 들었어요.
박정민	심각하게 생각해서 선택하지는 않았는데, 이게 더 재밌죠.
연상호	이런 생각은 해요. 박정민 배우가 1인 2역을 한번 해보자고 한 건, 임동환 역할이 약하다고 느꼈기 때문이라고 해석할 수도 있지만 적어도 그 생각을 떠올린 순간에 이렇게 해도 된다, 이게 더 좋다는 동물적인 감각, 감이 있었다고 생각해요. 정확하게 글로 쓸 순 없지만 머릿속에서 돌아다니는 그 느낌들이 뭔가를 필터링하게 하는 경우들이 있다고 보거든요. 1인 2역 얘기를 들었을 때 저는 그게 발휘됐고, 박정민 배우도 그런 감각이 되게 좋아요.

두 분 모두 원작 만화와 영화에 익숙하시죠. 만화와 영화의 문법은 분명 다른데, 애초에 영화를 위해 쓴 시나리오를 만화화하고 다시 영화화하는 과정에서, 두 매체가 서로 주고받은 영향이 있다고 느끼십니까?

연상호	문자가 전달하지 못하는 서사가 분명히 존재하죠. 그게 영

화이고 만화이고 시각 매체라고 생각해요. 예를 들어 <얼굴>의 엔딩을 보면, 대본상에는 '정영희의 얼굴 사진이 있다'라고 쓰여 있지만 글로는 보여줄 수가 없잖아요. 그건 시각 매체로 가야 완성이 되는 서사이죠. 그런데 그 완성을 만화로 먼저 할 수 있어서 좋았어요. 만화의 엔딩을 접한 독자들의 반응을 보면서 내가 시각 매체로 시도하려던 서사 전달 방식이 통하는지 안 통하는지 먼저 가늠해볼 수 있었어요. 실제로 안 통했던 요소들도 있거든요. 그런 것은 다듬었죠. 그 경험이 영화를 할 때 영향을 미쳤어요.

박정민 연기할 때 제가 너무 좋아했던 만화 『얼굴』 캐릭터들의 표정을 저도 모르게 구현해내려고 하는 습성 같은 것들이 생기더군요. 그게 나쁘다고 생각하지 않았어요. 만화에 나오는 표현들을 다 가져올 수는 없지만 일단 영화로 가져왔을 때 분명히 효과가 있겠다 싶은 부분들은 오히려 저도 모르게 더 가져왔던 것 같아요. 특히 젊은 임영규를 연기할 때 유독 그랬던 것 같고요.

연상호 제가 만화에서 꼭 살리고 싶은 장면들이 있었어요. 특히 노년의 임영규가 아들에게 "너는 기생충이라고!" 하는 장면. 그때 임영규는 저의 애니메이션에서 늘 등장하는 그 표정을 짓거든요. 저는 그 대사도 좋아했고, 그 신이 저의 시그니처 신이라고 생각했어요. 그런데 권해효 선배님은 영화에서 그 장면을 연기할 때 완전히 다르게 하셨죠. 만화를 안 보셨으니까요. 그냥 본인의 해석대로 연기하셨는데, 실은 그게 더 좋았어요. 영화 <얼굴>이 관객들에게 사랑을 받는 것도 사실은 그런 것 때문일 거예요. 그러니까 정답은 없는 것 같아요.

만화의 한 칸 한 칸이 사실상 영화를 위한 콘티 역할을 했을 거라고도 추측되는데요. 원작과 각본을 거치면서 가장 영화적인 이미지로 보고 싶다고 상상했던 순간은 언제인가요?

박정민　늙은 백주상이 처음 등장할 때요. 만화에서는 굉장히 크게 나왔던 걸로 기억하거든요. 조금 충격이었어요. 그러니까 영화에선 늙어버린 백주상의 완전 초라하고 병든 것 같은 모습을 보고 싶었어요.

연상호　만화에서는 늙은 백주상의 기괴함을 극대화하려고 백주상 옆에 쌀 포대가 쓰러져 있고, 백주상이 생쌀을 먹으면서 얘기를 하죠. 그런데 많은 분들이 생쌀 먹는 것을 잘 이해 못 하시더라고요.

박정민　이상한 행위라는 걸요?

연상호　그렇지. 생쌀을 왜 먹냐는 거죠. 그런데 저는 당시에 그 설정을 만든 제 자신을 높게 평가했거든요. (웃음) 결국 영화에서 생쌀 먹는 것은 뺐어요. 톤도 조금 안 맞는 것 같고. 영화에서 백주상 만날 때 라면 박스를 사 가고, 그냥 돈을 주는 건 어떠냐, 접어서 주나 어쩌냐 하는 얘기들을 했죠.

박정민　맞아요. 백주상 다시 만나는 장면은 회의를 많이 했어요.

연상호　그래서 만화 『얼굴』은 더 기괴한 편이고, 영화 〈얼굴〉은 그 기괴함이 덜해요. 관객이 보기 편하게 만들었다고 할 수 있어요.

13회차로 촬영을 타이트하게 끝내야 하다 보니, 현장에서 각본을 급히 수정하거나 신을 새로 만드는 일은 없었을 것 같고, 테이크도 많이 가지 않았겠죠. 그렇다면 각본을 통해 여러 배우들 각자의 해석을 충분히 듣고 함께 상의하는 시간은 언제 확보하셨습니까?

박정민　촬영 중간에 한 번 만났어요. (김수진 PD 역의) 지현이와 저,

감독님까지 셋이 감독님 작업실에서 모니터에 시나리오 띄워놓고 신 바이 신으로 다 얘기를 나눴죠. 그때 시나리오가 많이 바뀌었어요.

연상호 왜냐하면 현재 시점의 신들이 대부분 임동환과 김수진 PD가 정영희를 아는 사람들을 찾아가서 얘기를 듣는 거니까 조금 재미가 없을 수 있거든요. 이 신들에서 배우가 어떠한 포인트들을 가져가야 할지 미리 얘기를 나누지 않으면 진짜 듣기만 하는 모습으로 찍힐 것 같았어요. 박정민 배우야 스스로 그런 것들을 잘 생각하는데, 한지현 배우는 영화 경험이 많지 않아서 우리가 미리 소통을 해 줘야 할 것 같더군요. 겸사겸사 만났는데 의외로 얘기가 점점 많아졌어요. 조금씩 포인트를 잡아가면서 신이 좋아졌죠.

박정민 한지현 배우는 〈계시록〉에 출연했고, 다른 배우들도 대부분 다 감독님과 호흡을 맞춰본 분들이에요. 심지어 배우들끼리 이런저런 작품에서 만나서 이미 호흡을 많이 맞춰봤던 터라, 적응 기간이 필요 없었다는 것도 굉장히 큰 이점이었어요. 서로 너무 잘 알고 있으니까요.

〈얼굴〉에서 임영규와 정영희, 부모의 시대는 1970년대이고, 40년을 넘나들어 현재 시점은 2010년대입니다. 극 중의 시대가 각본 밖의 세상과 어떻게 만나야 할지 고민한 부분도 있을까요?

연상호 영화에서 과거는 1979년, 현재는 2018년이고요. 두 시대로 압축하는 게 가장 큰 고민이었어요. 만화에서는 다른 시대의 과거로 넘어가는 장면이 더 많았거든요. 임동환의 1980년대도 한 번 짚어주고, 전후 세대인 엄마 정영희의 어린 시절, 1950년대 후반도 한 번 짚어주죠. 1970년대도 한 번 훑어보기도 했고요. 그러니까, 원래 의도는 이랬어요. 전후 세대가 나오는 1950년대 후반, 그리고 1970년대, 1980년대, 현대가 사실 한국에서 가장 중요하고 거대한 일이 일어났던 시대라고 생각하거든요. 그만큼 중요한 시대들을 짚어주는데, 그 당시를 대표하는 이데올로기나 당대의 분위기는 전혀 다루지 않고 있어요. 애초에 이것이 제가 만화 『얼굴』을 만들 때의 목표였거든요. 대한민국의 근현대사에서 가장 중요한 시점을 다루면서 정작 그 시대의 거대한 이데올로기는 완전히 뺀 채, 이데올로기 밖에 있었던 사람을 보여준다는 의도가 있었어요. 혼자만의 야망이었죠. 영화로 만들 때는 주제에 집중할 필요가 있겠다 싶어서 1970년대와 현대만 남긴 거예요.

그렇다면 아버지 임영규와 아들 임동환이 각각 대변하는 시대적 의미도 있겠군요.

연상호   그렇죠. 그 부분은 세대의 단절 때문에 중요하다고 생각했어요. 물론 모든 세대가 단절돼 있다고 생각하지는 않아요. 요즘 제 나이대의 아버지들을 보면 아이가 스무 살 성인이 된 사람들도 있어요. 그렇다고 그 둘 사이가 단절돼 있지는 않거든요. 그런데 제 세대와 저의 아버지 세대는 그렇지 않아요. 두 세대 사이는 닫혀 있어요. 그 밑의 세대, 위의 세대는 안 닫혀 있을 거라고 봐요. 세상이 완전히 천지개벽했던, 한국의 고도성장 시대에 껴 있는 두 세대만 닫혀 있는 거예요. 그래서 저도 제 아버지가 어떤 사람인지 잘 몰라요. 젊었을 때 어떤 생각을 갖고 살았는지. 묻지도 않고 말해주지도 않죠. 부자지간이고 혈연으로 묶여 있지만 엄청나게 닫혀 있는 세대예요. 그 부분을 오래 생각했어요. 다른 시대의 부자 관계나 모녀 관계는 이렇게까지

　　　　　　　닫혀 있지 않거든요.

박정민　　　평소에 GV에서 이런 얘기를 하세요. (웃음)

원작과 각본의 차이점도 더 자세히 얘기할 수도 있을 것 같은데요.
영화의 각본은 원작에서 '다섯 번의 인터뷰'로 챕터를 구성해서
시대와 상황을 재현한 것, 정영희와 관련된 공간(어린 시절 삭제)을
압축한 점, 백주상 사장이 사진을 찍는다는 설정이 추가된 점이
눈에 띕니다.

연상호　　　백주상이 사진을 찍는 설정에 관해서는, 박정민 배우가
　　　　　　　1인 2역을 했을 때 관객을 설득시킬 수 있어야 하잖아요.
　　　　　　　사실 다 박정민인 줄 아는데, 갑자기 젊은 임영규라고 하
　　　　　　　면 너무 웃기니까요. 그래서 젊은 시절 아버지의 사진을 초
　　　　　　　반부터 보여주기로 했어요. 그럼 이 사진은 누가 찍어줬
　　　　　　　지? 하는 의문이 생기고 맨 마지막에 어머니 정영희의 사
　　　　　　　진도 공개되니까 사진에 대한 고민이 조금 더 깊어졌죠. 만
　　　　　　　화에서는 난데없이 사진관 주인이 나와서 정영희의 사진
　　　　　　　을 공개를 하는데, 영화는 젊은 시절의 임영규 사진이 등
　　　　　　　장하다 보니까 사진을 찍는다는 게 더 의미가 있어야 할
　　　　　　　것 같은 거예요. 그냥 스쳐 가는 사진관 주인보다는 훨씬
　　　　　　　중요한 인물이 사진을 찍도록 하자, 그러다 보니 백주상에
　　　　　　　게 쌀이 빠지고 사진이 들어가게 됐어요. 쌀은 이해가 안
　　　　　　　돼도 사진은 이해가 되니까요.

박정민　　　그 설정이 진짜 좋았어요. 시선의 폭력성 같은 것들이 느
　　　　　　　껴져서요.

연상호　　　다섯 번의 인터뷰를 챕터로 나눈 아이디어는, 아마 그것도
　　　　　　　박정민 배우가 얘기했을 거예요. 이 영화는 누군가의 얘
　　　　　　　기를 통해서 모든 게 해결이 되는 이야기잖아요. 처음에는

누가 죽였나. 그다음에는 왜 죽였을까. 마지막에는 그래서 어떻게 생겼는데? 이렇게 미스터리의 양상이 바뀌는 구조예요. 이 과정을 빨리빨리 해결해야 하죠. 그러니까 진실을 밝히는 과정이 재미있든 아니든 아무 기능을 하지 못해요. 그런데 박정민 배우가 이 부분을 오해하는 사람도 있을 것 같다고 말해줬어요. 맥락을 다 이해하지 못하면 조금 시시한 방식의 스토리텔링이 될 수도 있지 않냐는 거죠. 그래서 제 의도를 강화시키기 위해서 챕터를 나누게됐어요. 또 원작과 달라진 것은 정영희의 캐릭터가 미묘하게 바뀌었다는 점이에요. 만화에서는 정영희가 백주상에게 성폭행 피해를 당한 재봉사의 해고를 막기 위해서 전단지에 "백주상이 OOO 재봉사를 강간했습니다"라고 써요. 그건 2차 가해이고, 정영희의 잘못이거든요. 영화에서는 정리해야 했죠. 또 원작에서 정영희는 죽으면서도 되게 순종적이었다고 해야 하나. 순애보적인 느낌의 대사를 해요. 영화에서는 자신을 죽이는 임영규의 손을 긁고, 그에게 뭔가를 남기고 죽는 거죠.

영화의 엔딩에 등장하는 정영희의 얼굴을 '어떤 얼굴'로 보여줄 것인가에 대한 고민도 컸겠습니다. 더불어 그 얼굴을 보고 연기하는 박정민 배우에게 맡겨진 몫이 상당히 크지 않았는지요?

박정민   감독님이 생각하시는 그림이 명확하게 있었고, 구현해내는 사람들이 그 그림을 이해하지 못하는 기간이 잠깐 있었죠.

연상호   엔딩의 사진을 보고 "이게 뭐야?" 하시는 분들도 있었어요. 정말 괴물 같은 얼굴일 줄 알았다는 거죠. 그런 분에게 "당신이 생각하는 괴물 같은 얼굴은 어떤 얼굴이에요?"

하고 물으면 그걸 표현할 수 있는 사람이 거의 없어요. 실제로 '괴물 같은 얼굴'이라는 건 존재하지 않아요. 저희 CG 팀에서도 '괴물 같은 얼굴'을 표현하려고 시도해봤는데 그리 괴물 같지 않았어요. 기괴하게 생겼다는 표현도 사실은 묘해요. 어떤 사람이 가지고 있는 생각과 내가 알고 있는 그 사람에 대한 인식의 차이에서 결과물이 기괴하게 나올 수도 있지만, 생판 모르는 사람 얼굴을 보고 기괴하다고 할 수가 없거든요. 제가 중요하게 생각했던 것은 정영희의 얼굴이 르포르타주 같았으면 했어요. 마지막 순간에 굉장히 사실적인 느낌이 들었으면 좋겠다고 생각했거든요. 만화 『얼굴』은 톤이 하나로 되어 있어요. 명암이 없이 색이 칠해져 있죠. 그러다가 마지막에 정영희의 얼굴 사진을 보여줄 때 톤이 확 달라져서 그때 전해오는 충격이 있거든요. 애니메이션에서는 하모니 기법이라고 하는데, 예를 들어 애니메이션 <베르사유의 장미>에서 갑자기 어떤 중요한 장면이 스케치처럼 바뀌는 식이죠. 관객이 지금까지 보던 것의 질감 자체를 완전히 바꿔버리면서 충격을 주는 거예요. 만화도 영화도 정영희의 사진이 르포화된 이미지로 나오면서 현실로 확장되는 느낌을 주려고 했어요.

박정민　사실 그 사진을 미리 보고 싶지 않았어요. 촬영할 때 딱 보면 좋겠다고 생각했는데, 어느 날 미리 보여줘 버리는 거예요. 에잇! (웃음)

연상호　이미지가 마음에 들었거든요. 그래서 봐봐, 봐봐, 했죠. (웃음)

박정민　그때 그 사진을 보고 울컥하는 마음이 들었어요. 말로 설명하기 어려운데, 마음을 움직이는 느낌의 사진이었죠. 왜 그럴까 생각해보면 아마 앞서 감독님이 말씀하신 이미지의 충격 때문이겠죠. 마지막 장면을 어떻게 연기할 것인가에 대한 고민이 있었거든요. 각본으로 볼 때는 '임동환이 굳이 왜 울지?' 하는 생각이 들기도 했어요. 그런데 그 사진을 보는 순간 마음이 움직이는 걸 느꼈고, 충분히 우는 게 가능하겠다고 생각해서 마지막에 그렇게 연기한 거죠. 여러 가지 마음을 복합적으로 느꼈어요. 연기를 하다 보면 결국에는 여러 신들이 모여서 감정들이 제 몸 안에 쌓이거든요. 아들 임동환을 연기할 때 엄마가 어떻게 생겼다는 말을 듣는 그 부조리한 상황들을 다 접하고, 젊은 아버지 임영규를 연기할 때 아내를 살해하는 상황까지 다 겪고 나서 그 사진을 보는 거니까, 말로 표현할 수 없을 만큼 그 여인에 대한 이상한 마음이 들더라고요. 결국 제 스스로 임동환의 울음, 눈물이 납득이 갔기 때문에 그렇게 촬영한 거죠. 그런데 힘들기는 했어요. 이걸 어떻게 해야 하나 싶었는데... 아잇, 그러니까 그 사진을 엔딩 촬영 때 처음 봐야 했다니까! (웃음)

연상호 나는 힘들어할 줄 몰랐지. 아니, 연기 잘하는 사람이 그걸 그렇게 힘들어해? (웃음)

박정민 고생 고생해서 만든 신입니다.

'얼굴'이 상징하는 것은 많습니다. 살아온 삶의 지도이고, 시대의 반영이며, 개인에게는 경쟁력이 되거나 부끄러움이 되기도 합니다. 원작과 각본을 통과해서 영화를 만드는 내내, 두 분이 가장 크게 느꼈던 영화 <얼굴>과 '얼굴'이라는 단어의 의미는 무엇입니까?

연상호 영화를 기획할 때는 야심을 가지고 기획을 하잖아요. 그 야심을 관객들이 다 알아주는 경우가 있고 아닌 경우도 있죠. <얼굴>은 많이 알아주신 것 같아요. 실사 영화를 하면서 <얼굴> 같은 작품을 해본 게 거의 처음이라서 저에게 굉장히 중요한 분기점이 될 것 같습니다. 그리고 사람은 자기 얼굴을 잘 모른다고 생각해요. 거울을 통해서 자기 얼굴을 본다고 생각하지만 실은 한 면밖에 못 봐요. 그런데 타인들은 입체로 인식하잖아요. 그래서 가끔 사진 찍힌 것을 보고 깜짝 놀랄 때가 있어요. 나는 내 얼굴을 2D로만 봐왔는데, 갑자기 내가 보기 힘든 어떤 각도에서 찍힌 사진을 볼 때 '내가 저렇게 생겼었나' 충격을 받죠. 스스로 자기 얼굴을 제대로 인식하지 못한다는 게 항상 겁나는 부분이에요. 얼굴뿐 아니라 사람의 자아도 그렇겠죠. 자신을 자신이 가장 잘 본다고 여기지만 실은 제대로 알기 힘들어요. 그런 부분에 대한 인식을 계속 해야 한다고 생각합니다.

박정민　영화 <얼굴>을 촬영하고 개봉을 거치면서 우리가 '얼굴'이라는 단어를 살면서 굉장히 많이 쓴다는 것을 깨달았어요. 하루에도 몇 번씩 '얼굴'이라는 단어를 듣는 것 같아요. 누군가와 이 영화에 대한 이야기가 아니라 다른 이야기를 할 때도 '얼굴'이라는 단어를 꽤나 많이 쓰고 있다는 것을 인식하게 됐죠. 의도치 않았지만 어쩌면 우리가 생각보다 우리 삶에 굉장히 밀접한 영화를 만든 것일 수도 있겠다는 생각이 들더라고요. 그 외에도 여러 가지 생각을 해요. 감독님과 비슷한 이야기일 수도 있는데요. 영화 <얼굴>을 통해서 우리가 만든 영화를 관객이 고스란히 받아서 이런저런 이야기를 나눈다는 것을 의미 있다고 느껴요. 그런 것들이 행복한 일이라는 것을요. 그래서 영화에 대한 애정도가 더 높아지는 것도 있어요. 제가 감독님에게 이런저런 이야기들을 하고 뭔가 같이 만들었다는 느낌을 받은

첫 영화이고, 관객들에게 다가가는 게 느껴져서 고무적이더라고요.

연상호 박정민 배우가 지분이 많아요.

박정민 남들의 판단이 아니라, 남들이 알아주지 않더라도, 저의 개인적인 판단으로 제 커리어에 어떤 방점이 찍히는 작품들이 있거든요. 〈얼굴〉은 분명히 그런 작품 가운데 하나가 될 것 같다는 예감이 들어서 굉장히 좋습니다.

얼굴 각본집
The Ugly: Screenplay

초판 1쇄 발행 2026년 1월 20일

지은이   연상호
펴낸이   백준오

편집   백준오
교정   이보람
디자인   DDBBMM
인쇄   세걸음

스토리보드   장강희
스틸   조원진

펴낸곳   플레인아카이브
             출판등록 2017년 3월 30일 제406-2017-000039호
             주소 경기도 파주시 회동길 336-17, 302호
             이메일 cs@plainarchive.com
             인스타그램 @plainarchive

ISBN 979-11-90738-45-3 (03680)